MÉTHODE SIMPLIFIÉE

POUR

L'ENSEIGNEMENT POPULAIRE

DE LA

MUSIQUE VOCALE

Par M.***

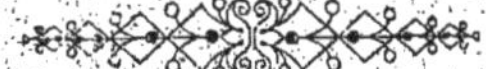

LILLE,
IMPRIMERIE DE L. DANEL, GRAND'PLACE.
1856

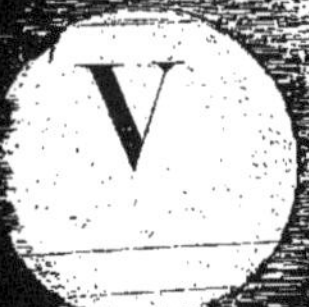

MUSIQUE SIMPLIFIÉE.

MÉTHODE SIMPLIFIÉE

POUR

L'ENSEIGNEMENT POPULAIRE

DE LA

MUSIQUE VOCALE

Par M.***

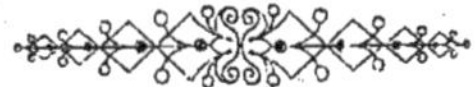

LILLE,
IMPRIMERIE DE L. DANEL, GRAND'PLACE.
1856

AVANT-PROPOS.

Le goût de la musique semble inné chez l'homme : les enfants chantent avant de parler. Cependant la musique n'est cultivée que par un nombre restreint de personnes favorisées de la fortune ou douées d'une organisation spéciale. Le peuple reste étranger à un art qui serait pour lui une consolation, une source de douces jouissances et un puissant moyen de moralisation.

Ce n'est souvent qu'à force d'études, de temps et d'argent que l'on peut devenir musicien. Le peuple n'a ni temps ni argent à prodiguer.

J'ai pensé qu'en restreignant les préceptes au strict nécessaire, on pourrait parvenir en peu de temps, et sans de grandes difficultés, à donner aux masses de la population des connaissances musicales suffisantes pour les chants d'ensemble. C'est vers ce but que j'ai dirigé mes efforts.

Un enseignement **populaire** implique :

Des principes concis, clairement énoncés, de nature à être compris par les personnes dont l'intelligence peut ne pas être très-développée ;

Beaucoup de pratique ;

Peu de théorie ;

Une **notation** facile à écrire; parlant aux yeux et ne laissant rien de confus ; qui se prête à une dictée rapide dans les masses chorales ; qui puisse être facilement comprise des élèves formés par toutes les méthodes ; suffisante pour les *chanteurs ;* préparant à la notation usuelle les personnes qui voudront devenir *instrumentistes ;* qui soit, enfin, peu coûteuse à l'impression.

Il faut que la notation usuelle ne reste pas *lettre morte*, et que chacun, sans l'avoir apprise, puisse la traduire dans le langage qu'il comprend.

Il faut encore que le passage à la notation généralement adoptée se fasse sans difficulté et en peu de temps.

Il faut enfin que l'enseignement soit assez facile pour que les instituteurs primaires puissent en être chargés, afin de propager ainsi les connaissances musicales jusque dans les campagnes.

Ce programme, l'ai-je exécuté d'une manière satisfaisante? Les résultats d'une expérience prolongée m'autorisent à le croire.

Peut-être, cependant, me suis-je exagéré les avantages que peut offrir ma méthode ?

Je m'estimerai heureux si, au moins, j'ai préparé les voies à un enseignement encore plus profitable aux masses.

J'ai d'abord essayé avec succès une *notation chiffrée* écrite sur une portée de trois lignes.

La valeur des rondes occupait le haut de la portée ; celle des quadruples croches se trouvait au bas ; celle des croches sur la ligne du centre, etc. En raison de la rapidité avec laquelle on pouvait l'écrire, cette notation était une véritable sténographie musicale.

J'ai, à cette époque, édité une méthode provisoire d'après ce système, pour la distribuer à mes élèves.

En continuant mes expérimentations, j'ai été amené à de notables changements. Le fond reste le même, mais j'ai remplacé la notation chiffrée par une autre manière d'écrire la musique qui se rapproche beaucoup plus de ce qui est usité.

Je substitue donc, dans les commencements, à la notation usuelle, que j'appelle *musique notée*, une écriture musicale que je nomme *langue des sons*, et par laquelle j'exprime à la fois et en *une seule syllabe* : l'intonation des notes, leur durée, et les dièses, bémols ou bécarres qui les accompagnent.

Je n'ai qu'*une seule gamme* dont la tonique se déplace en raison du ton dans lequel le morceau est écrit.

En ce qui concerne les demi-tons, j'ai suivi le système du tempérament employé pour le piano.

Je n'ai rien changé aux principes ordinaires ; je les range seulement dans un ordre, nécessité par le système que j'ai adopté.

Pour rendre les études faciles je ne présente qu'une idée à la fois.

Quand les élèves ont vaincu toutes les difficultés du rhythme et de l'intonation (et cela ne tarde guère), je les initie à la notation usuelle. Il ne s'agit plus pour cela que de les familiariser avec des signes nouveaux pour eux, mais dont leurs précédentes études leur ont appris l'emploi.

Ce passage de l'une à l'autre notation est facile et prompt, et peu de jours suffisent pour que les élèves lisent la musique à la première vue, sur la portée, dans tous les tons et à toutes les clefs.

La **langue des sons**, qui s'applique à la *musique moderne*, peut à bien plus forte raison s'appliquer aussi au *plain-chant ;* elle suffit aux chanteurs ; mais pour qu'on puisse profiter des publications faites en *musique notée*, j'indique, à la fin de la méthode, un moyen facile de transcription.

C'est surtout pour la *dictée* que la *langue des sons* est appelée à rendre de grands services.

En effet, chaque expression résumant tout ce qui demanderait une périphrase, il suffit de dicter comme on le ferait pour le discours ordinaire, sans chanter et sans battre la mesure.

On peut, dans un même local, dicter en même temps les parties d'un chœur, quel que soit le nombre des exécutants, et cela simultanément à des élèves de toutes les méthodes. Ceux qui n'ont pas encore une grande habileté écriront simplement les mots dictés, et ceux qui connaissent la notation usuelle placeront de suite les notes sur la portée. On peut même, à la rigueur, dicter à des personnes qui n'ont aucune notion de musique.

C'est ainsi que, dans les maisons d'éducation, par exemple, on se procurerait un grand nombre de copies sans frais et en fort peu d'instants.

Pour faciliter l'enseignement aux personnes qui n'ont pas l'habitude de professer, j'ai divisé cette méthode en leçons, dans lesquelles je m'adresse directement aux élèves.

A la fin de l'ouvrage se trouvent des exercices appliqués à chacune des leçons.

En résumé, mon but est de populariser le goût de la musique vocale et d'en propager la pratique jusque dans les *campagnes*. Ce but ne tarderait pas à être atteint si la méthode que je propose était adoptée dans les séminaires et dans les écoles normales.

Les ecclésiastiques et les professeurs qui sortent de ces établissements formeraient eux-mêmes et en peu de temps, dans les communes où ils sont appelés, des élèves qui viendraient, par des chants d'ensemble, rehausser l'éclat des cérémonies du culte. Ce puissant moyen de moralisation n'entraînerait à aucune dépense.

MUSIQUE SIMPLIFIÉE.

PREMIÈRE LEÇON. — Généralités. Langue des sons.

La **musique** résulte de **sons** produits par les voix ou par les instruments.

La musique faite pour être exécutée par les *voix* se nomme musique **vocale**; celle qui doit être exécutée par les *instruments* se nomme musique **instrumentale**.

Le son est, en musique, ce qui peut être imité par la voix ou par les instruments.

Les **sons** diffèrent entr'eux par l'**intonation**, c'est-à-dire par leur degré d'élévation. (*Donner un exemple avec la voix.*)

Les sons *élevés*, comme ceux des voix d'enfants, de la petite flûte, etc., se nomment sons **aigus**.

Les sons *bas*, comme ceux des *grosses* voix d'hommes, de l'ophicléïde, etc., se nomment sons **graves**.

Les **sons** diffèrent encore par la **durée**. Les uns se prolongent, se font entendre plus ou moins longtemps. (*Exemple vocal.*) D'autres sont brefs, n'ont qu'une courte durée. (*Exemple vocal.*)

Cette **durée** plus ou moins longue se nomme **valeur**.

La **notation** est l'ensemble des signes convenus pour écrire la musique.

Les **notes** sont les signes par lesquels on indique les **sons**.

Les **silences** sont les signes par lesquels on indique les **repos**.

Dans les commencements je substituerai à la notation usuelle que j'appelle **musique notée**, une écriture musicale que je nomme **langue des sons**, et par laquelle j'exprime à la fois et en une seule syllabe, l'intonation des notes, leur durée ou *valeur* et les modifications dont elles sont susceptibles.

Voici d'une manière succincte en quoi consiste la *Langue des sons* : (*)

On désigne les notes (signes représentatifs des sons) par les mots Ut Re Mi Fa Sol La Si.

Pour rendre la prononciation plus agréable on a remplacé le mot Ut par Do, et l'on a ainsi : Do Re Mi Fa Sol La Si.

Je ne conserve de ces mots que leur premiere lettre D R M F S L S

Et pour éviter la confusion des deux notes Sol et Si représentées par la même consonne, je change le second S en B, ce qui donne D R M F S L B

C'est d'ailleurs par la lettre B que l'on désignait la note Si dans l'ancienne gamme.

Voilà pour ce qui concerne les sons considérés sous le rapport de l'*intonation*.

Pour indiquer les *durées* on emploie les signes qui suivent, dont la valeur diminue successivement de moitié en allant de gauche à droite. Savoir :

(*) Si l'on trouvait que ce qui suit fût prématuré ou trop abstrait pour de jeunes enfants, on pourrait passer de suite à la deuxième leçon, sauf à revenir à cette première un peu plus tard.

Pour les notes......	les signes..	𝅝	𝅗𝅥	𝅘𝅥	𝅘𝅥𝅮	𝅘𝅥𝅯	𝅘𝅥𝅰	𝅘𝅥𝅱
	nommés....	ronde	blanche	noire	croche	double croche	triple croche	quadruple croche
Et pour les silences..	les signes..	𝄻	𝄼	𝄽	𝄾	𝄿	𝅀	𝅁
	nommés....	pause	demi-pause	soupir	demi-soupir	quart de soupir	huitième de soupir	seizième de soupir
J'exprime respectivement chacune de ces valeurs par les voyelles...		a	e	i	o	u	eu	ou

L'intonation des notes peut être haussée ou baissée d'une quantité appelée *demi-ton*, sans que pour cela elles changent de nom ; c'est ce qu'on indique en joignant à la note :

	Pour la hausser	Pour la baisser	Pour la remettre dans son état naturel
Le signe............	♯	♭	♮
Nommé...........	dièse.	bémol.	bécarre.
Je remplace ces signes par les lettres.	z	l	r

Il en résulte que si, aux consonnes D, R, M, F, S, L, B, j'ajoute l'une des voyelles a, e, i, o, u, eu, ou, j'aurai, en une seule syllabe, l'indication de la note et de sa valeur.

Ainsi, pour exprimer...	**Do** ronde	**Mi** triple croche	**Sol** double croche
Je ne dirai que.........	Da	Meu	Su

Si, maintenant, je place à la fin de ces syllabes les lettres z, l ou r :

J'exprimerai..............	**Do** ronde dièse	**Mi** triple croche bémol	**Sol** double croche bécarre
Par.....................	Daz	Meul	Sur

Les voyelles sans l'adjonction de consonnes indiqueront la durée des silences, ainsi :

Au lieu de dire....	pause	demi-pause	soupir	demi-soupir	quart de soupir	huitième de soupir	seizième de soupir
Je me bornerai à prononcer......	a	e	i	o	u	eu	ou

On verra plus tard quels sont les avantages que l'on peut retirer de cette abréviation dans la manière d'énoncer les notes et les silences.

Ce qui précède est résumé dans le tableau suivant :

TABLEAU SYNOPTIQUE DE LA LANGUE DES SONS.

SONS.			VALEURS.							ALTÉRATIONS.
N.os d'ordre.	Noms.	Abré-via-tions.	Ronde. ou Pause. a	Blanche. ou 1/2 pause. é	Noire. ou Soupir. i	Croche. ou 1/2 soupir. o	Double-croche. ou 1/4 desoupir u	Triple-croche. ou 1/8 desoupir eu	Quadruple croche. ou 1/16 desoupir ou	dièse bémol bécarre z l r
1	Do	D	Da	Dé	Di	Do	Du	Deu	Dou	Ajoutez aux syllabes ci-contre :
2	Ré	R	Ra	Ré	Ri	Ro	Ru	Reu	Rou	z pour un dièse.
3	Mi	M	Ma	Mé	Mi	Mo	Mu	Meu	Mou	l pour un bémol.
4	Fa	F	Fa	Fé	Fi	Fo	Fu	Feu	Fou	r pour un bécarre.
5	Sol	S	Sa	Sé	Si	So	Su	Seu	Sou	Exemple : ***Doz, Ril, Mor***,
6	La	L	La	Lé	Li	Lo	Lu	Leu	Lou	*Doz*, pour Do croche dièse. *Ril*, pour Ré noire bémol.
7	Si	B	Ba	Bé	Bi	Bo	Bu	Beu	Bou	*Mor*, pour Mi croche bécarre.

Cette langue, qui peut être aussi facilement comprise par les musiciens que par les élèves de la méthode simplifiée, peut rendre de grands services aux sociétés chorales, en ce qu'elle permet de dicter en même temps et dans le même local toutes les parties d'un chœur, quel que soit le nombre des exécutants.

Résumez cette leçon sans recourir au texte. Dites ce qu'on entend par musique — musique vocale et instrumentale — son — intonation — sons aigus et graves — valeur des sons — notation, notes et silences. Exposez le système de la langue des sons.

N'attendez pas que je vous fasse une question spéciale sur chacun des points ci-dessus, mais expliquez la leçon entière sans vous arrêter, et comme si vous aviez à vous faire comprendre d'un élève. Vous mettrez ainsi de l'ordre dans vos idées et vous gagnerez du temps.

L'habitude de faire ainsi un résumé est très-profitable. C'est un moyen de vous assurer que vous avez compris. De plus, pour ne rien oublier, vous ferez bien de revenir alternativement chaque jour sur l'une ou l'autre des leçons précédentes.

Ne vous astreignez pas à réciter dans les termes du livre. Cela donnerait la preuve que vous avez plus de mémoire que d'intelligence. « *Ce que l'on conçoit bien s'énonce clairement* », et vous n'éprouverez nul embarras si vous possédez suffisamment les principes.

DEUXIÈME LEÇON. — Mesure.

La musique, et surtout celle où plusieurs personnes exécutent à la fois, exige une grande régularité de mouvement afin que chaque son arrive au moment voulu et s'arrête de même. Il y aurait sans cela le même désordre que dans un régiment dont les soldats marcheraient d'un pas inégal.

Pour obtenir cette régularité indispensable, faites avec la main, de haut en bas, de petits battements, égaux de vitesse comme ceux du balancier d'une horloge. Et pour que je puisse entendre et juger si vous opérez avec ensemble, frappez ces battements de la main droite sur la main gauche, comme je vous le montre. (*Opérez.*)

Évitez dans ces mouvements de faire jouer le bras et l'avant-bras. Ce serait vous fatiguer inutilement et vous gêner en chantant. Les coudes doivent rester collés au corps, et la main droite seule doit agir à partir de l'articulation du poignet. (*Opérez.*)

Ces battements se nomment **temps.**

Le **temps** est **binaire** ou **ternaire.**

Le temps **binaire** se divise en *deux* parties égales nommées **unités.** (Battez plusieurs temps en les décomposant par les mots : UN *deux*, UN *deux*, UN *deux*.... tout en ne faisant qu'un seul battement par temps.)

Le temps **ternaire** contient *trois* **unités.** (Battez plusieurs temps en les décomposant par les mots : UN *deux trois*, UN *deux trois*, UN *deux trois*....)

Les **temps** forment les **mesures**, ou division de la musique en petites parties d'égale durée.

Les **mesures** sont séparées par des barres verticales nommées **barres de mesure**, qui se doublent au commencement et à la fin des morceaux de musique. Exemple :

‖ | | | ‖

Les mesures contiennent *un*, *deux*, *trois* ou *quatre* temps.

Pour distinguer les temps d'une même mesure on a coutume de les battre chacun dans une direction différente.

La mesure à 1 temps se bat de haut en bas.
— à 2 — — 1er temps en bas, 2e en haut.
— à 3 — — 1er temps en bas, 2e à droite, 3e en haut.
— à 4 — — 1er temps en bas, 2e à gauche, 3e à droite, 4e en haut.

Exercez-vous à battre ces quatre sortes de mesures, d'abord en temps **binaires**, puis en temps **ternaires.**

Indiquez avec la voix, sur la première unité de chaque temps, le sens dans lequel se meut la main ; dites sur la seconde unité le mot *deux*, et sur la troisième le mot *trois*, comme suit :

Pour 1 temps binaire dites : bas deux.
— 2 — — — bas deux, haut deux.
— 3 — — — bas deux, droite deux, haut deux.
— 4 — — — bas deux, gauche deux, droite deux, haut deux.

De même,

Pour 1 temps ternaire dites : bas deux trois.
— 2 — — — bas deux trois, haut deux trois.
— 3 — — — bas deux trois, droite deux trois, haut deux trois.
— 4 — — — bas deux trois, gauche deux trois, droite deux trois, haut deux trois.

Pour bien marquer les temps, veillez à ce qu'après avoir battu chacun d'eux, la main reste en place jusqu'au moment de lui donner une autre direction.

Marquez un peu plus que les autres le premier et le troisième temps, on les nomme **temps forts.** Ce sont eux qui donnent l'accent à la musique, de même que dans le discours ordinaire il y a des syllabes sur lesquelles on appuie plus fortement que sur les autres.

Les signes par lesquels on exprime habituellement les diverses sortes de mesures sont indiqués dans le tableau que voici :

SIGNES.	DÉNOMINATIONS.	NOMBRE DE TEMPS binaires.	NOMBRE DE TEMPS ternaires.	NOMBRE d'unités.	OBSERVATIONS.
C	Mesure C	4	»	8	»
$\frac{3}{4}$	— trois-quatre.	3	»	6	3/4 de la mesure C.
$\frac{2}{4}$	— deux-quatre	2	»	4	Moitié —
$\frac{1}{4}$	— un-quatre.	1	»	2	quart —
$\frac{12}{8}$	— douze-huit.	»	4	12	12/8e —
$\frac{9}{8}$	— neuf-huit.	»	3	9	9/8e —
$\frac{6}{8}$	— six-huit.	»	2	6	6/8e —
$\frac{3}{8}$	— trois-huit.	»	1	3	3/8e —
C	— C barré.	2	»	8	Abréviation de la mesure C dans les mouvements rapides.
2	— deux.	2	»	8	Chaque temps représente quatre unités.
3	— trois.	3	»	12	Chaque temps représente quatre unités.

Ces signes se placent au commencement de tout morceau de musique.

Il y a encore d'autres sortes de mesures représentées par des signes différents de ceux relatés ci-dessus, mais elles sont si rarement employées que je ne crois pas devoir vous en entretenir ici.

Exercez-vous à battre les mesures qui suivent, en vous conformant aux explications qui précèdent.

Mesures à temps binaires.	C	$\frac{3}{4}$	$\frac{2}{4}$	C	2	3	$\frac{2}{4}$	C	2	$\frac{3}{4}$	C	3	&c.		
Mesures à temps ternaires.	$\frac{12}{8}$	$\frac{9}{8}$	$\frac{6}{8}$	$\frac{3}{8}$	$\frac{9}{8}$	$\frac{6}{8}$	$\frac{12}{8}$	$\frac{3}{8}$	$\frac{6}{8}$	$\frac{9}{8}$	&c.				
Mesures mélangées.	C	$\frac{6}{8}$	$\frac{3}{4}$	$\frac{12}{8}$	$\frac{2}{4}$	$\frac{9}{8}$	C	$\frac{3}{8}$	2	$\frac{12}{8}$	3	$\frac{6}{8}$	C	$\frac{9}{8}$	&c.

Remarquez que les mesures composées de temps ternaires sont désignées par deux chiffres dont le supérieur peut se diviser par 3 et dont l'inférieur est 8.

Résumé. Dites pourquoi l'on bat la mesure en exécutant la musique — ce qu'il faut éviter en battant — Expliquez les temps binaires et ternaires — l'unité — la mesure — les barres de mesure — la manière de battre — les temps forts et faibles — les signes indiquant la nature des mesures.

TROISIÈME LEÇON — Gamme ; Appellation.

Comme nous l'avons dit dans la première leçon, on désigne habituellement les sons, dans

la *musique notée*, par les mots	Do	Ré	Mi	Fa	Sol	La	Si
et dans la *langue des sons* par	D	R	M	F	S	L	B
dont l'*ordre numérique* est	1	2	3	4	5	6	7.

Les notes ainsi rangées constituent la **gamme** (alphabet musical).

Les chiffres rappellent bien mieux que les lettres la différence d'intonation qui existe entre les sons ; nous trouverons donc de l'avantage à remplacer le nom des lettres par celui du rang qu'elles occupent dans la gamme. Ainsi,

au lieu de	D	R	M	F	S	L	B
disons, en voyant ces lettres :	1	2	3	4	5	6	7.

Ne considérez dans ces lettres qu'une autre manière d'écrire les chiffres : M ne sera plus pour vous que 3, L sera 6, R sera 2, etc.

Je vais vous faire entendre les sons de la gamme. Répétez-les après moi jusqu'à ce que les intonations vous soient devenues familières

Exemple : En montant D R M F S L B prononcez 1 2 3 4 5 6 7
En descendant B L S F M R D — 7 6 5 4 3 2 1

De D à B les sons vont en montant. Ils deviennent progressivement plus **aigus** (plus élevés).

De B à D les sons vont en descendant. Ils deviennent progressivement plus **graves** (plus bas).

Les sons usités ne se bornent pas à la gamme que vous venez d'apprendre, leur nombre n'est limité que par l'étendue des voix et des instruments.

Après avoir dit la gamme en montant, si vous continuez à monter encore, vous trouverez une seconde gamme toute semblable à la première, avec cette différence : que les sons en seront plus aigus, puisque vous aurez toujours monté.

Exprimez de même cette seconde gamme par les lettres D à B, et surmontez-les d'un point pour indiquer la différence d'**acuité** (d'élévation). Vous placeriez deux points au-dessus des notes d'une gamme plus élevée encore.

Exemple : D R M F S L B Ḋ Ṙ Ṁ Ḟ Ṡ L̇ Ḃ D̈ R̈ etc.

De même, si, après avoir dit la gamme en descendant vous continuez à descendre, vous trouverez successivement de nouvelles gammes dont les sons seront de plus en plus graves et que vous distinguerez par un ou deux points sous les lettres, en raison du degré de gravité.

Exemple : B L S F M R D Ḅ Ḷ Ṣ F̣ Ṃ Ṛ Ḍ B̤ L̤ etc.

La gamme qui s'écrit sans point s'appelle gamme du **medium** (le milieu de l'étendue de la voix).

Pour avoir une règle fixe, considérez comme gamme du *medium* celle dans laquelle se trouve compris le son du *diapason*. (*a*)

(*a*) Le *diapason* est un petit instrument en acier ayant la forme d'une fourche, qui sert à mettre l'accord dans les orchestres.

Voici le résumé de ce qui précède :

DRMFSLB	DRMFSLB	DRMFSLB	DRMFSLB	DRMFSLB
Gamme plus grave.	Gamme grave.	Gamme du médium.	Gamme aiguë.	Gamme plus aiguë.

Pour que la gamme se termine d'une manière agréable à l'oreille, on répète à l'aigu la note qui la commence.

Exemple : D R M F S L B Ḋ — Ḋ B L S F M R D

Exercez-vous à l'**appellation**, c'est-à-dire à nommer *en chiffres*, sans intonations, avec rapidité et dans quelqu'ordre qu'elles soient rangées, les notes représentées par les consonnes D R M F S L B.

Exemple : D R M F S L B D M S B R F L D F B M L R S D S R L M B F D L F R B S M D B L S F M R D M S D F L R S B D S M F R S D

Cette appellation en chiffres a quelque chose de dur pour l'oreille. On peut éviter cet inconvénient en modifiant comme suit la prononciation des chiffres.

Au lieu de	*un*	*deux*	*trois*	*quatre*	*cinq*	*six*	*sept*
prononcez comme s'il y avait	*un*	*deux*	*tois*	*quat'*	*cin*	*si*	*sé.*

Il ne peut y avoir d'équivoque, et cela facilite beaucoup une solmisation rapide.

Seulement, vis-à-vis de *un*, il convient de dire *cinq, six, sept.* Exemple : *cinq un* et non pas *cin un* — *six un* et non pas *si un* — *sept un* et non pas *sé un*.

Pour mettre plus de régularité dans cette opération, battez un temps en nommant chaque note.

Etudiez, comme exercice, les premières colonnes du tableau de la page 19 (8.me leçon).

Résumé. Dites comment on écrit les sons — ce qu'on entend par gamme, sons aigus, sons graves — comment on désigne les sons en chantant — comment on différencie les gammes graves, aiguës et du médium — ce qu'on entend par appellation.

QUATRIÈME LEÇON. — RHYTHME. SOLMISATION. VOCALISATION. CHANT. MÉLODIE. HARMONIE. CANON. RENVOIS. REPRISES.

Lisez à haute voix, sans intonations, *en chiffres*, l'exercice suivant, et battez un temps pour chaque note.

|| C || D R M F | S L B Ḋ | Ḋ B L S | F M R D ||

Nommer ainsi les sons, sans les chanter et en battant des temps égaux, c'est **rhythmer**.

Répétez la même chose en donnant à chaque note l'intonation qui lui est propre :

|| C || D R M F | S L B Ḋ | Ḋ B L S | F M R D ||

Produire ainsi le son de chaque note en la nommant et en battant, c'est **solfier.**

Les livres où l'on apprend à solfier se nomment **solféges**. Il en est de même de la musique composée exprès pour être solfiée ; et l'opération que l'on fait en solfiant se nomme **solmisation**.

Répétez encore la même chose en remplaçant le nom des notes par une simple voyelle, soit **a**.

|| C || D R M F | S L B Ḋ | Ḋ B L S | F M R D ||
a a a a a a a a a a a a a a a a

Exécuter ainsi la musique en produisant les sons par l'émission d'une voyelle, c'est **vocaliser,** c'est faire de la **vocalisation**.

Les morceaux de musique composés pour être vocalisés sont des **vocalises.**

La **vocalisation** a pour but d'assouplir les voix. Elle offre des difficultés dans l'exécution. Comme, pour nous, elle n'a d'autre objet que d'accoutumer à saisir les intonations sans nommer les notes, nous vocaliserons en remplaçant la voyelle par le mot **ta**, ce qui nous donnera plus de facilité.

Exemple : || C || D R M F | S L B Ḋ | Ḋ B L S | F M R D ||
ta ta ta ta ta ta ta ta ta ta ta ta ta ta ta ta

Dites maintenant ce même air en y ajoutant des paroles, comme suit :

|| C || 1 battement en silence. D R M | F S L B | Ḋ Ḋ B L | S F M R | D 3 battements en silence. ||
chan - tons u - ne gamme en mon-tant. chan - tons la gamme en des - cen-dant

Réunir ainsi les sons et les paroles, c'est **chanter.**

On nomme **mélodie** la musique composée de sons successifs, un seul à la fois, comme on le fait avec la voix, la flûte, la clarinette, etc.

On nomme **harmonie** la musique où plusieurs sons différents qui s'accordent entre eux se produisent simultanément. C'est ce qu'on obtient avec l'orgue, le piano, ou par la réunion de plusieurs instruments ou de plusieurs chanteurs.

Mélodie signifie encore le chant principal et dominant dans l'harmonie.

L'exercice qui suit a pour objet de vous accoutumer à solfier à *deux voix*. Commencez par le rhythmer, puis vous le solfierez, puis enfin vous l'exécuterez à deux parties en vous conformant aux prescriptions suivantes :

Partagez-vous en deux sections. La première commencera seule au N.° 1. La seconde attendra que la première soit parvenue au N.° 2, pour commencer à son tour au N.° 1. En arrivant à la fin de l'exercice, chaque section le recommencera jusqu'à ce que l'on juge à propos d'arrêter.

On nomme **canon** ce genre de musique composé d'un air commencé tour à tour, à certains intervalles, par plusieurs voix, et se servant ainsi d'accompagnement à lui-même.

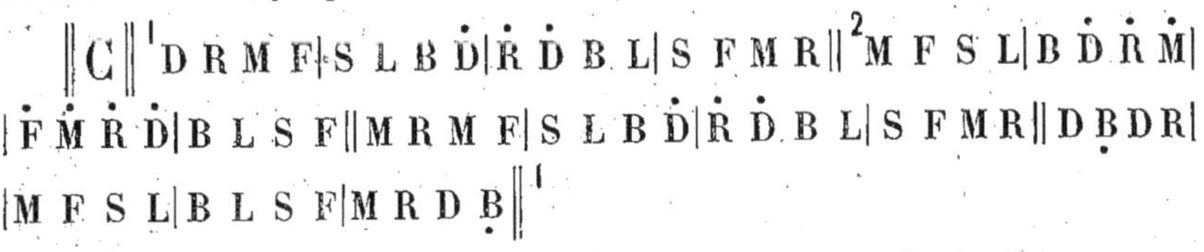

‖C‖ [1]D R M F | S L B D | R D B L | S F M R ‖ [2]M F S L | B D R M | F M R D | B L S F ‖ M R M F | S L B D | R D B L | S F M R ‖ D B D R | M F S L | B L S F | M R D B ‖ [1]

Déjà vous pouvez chanter les airs composés de sons rangés dans l'ordre de la gamme et dont la durée équivaut à un temps.

Exemple qu'il faut rhythmer et solfier par numéros, puis chanter :

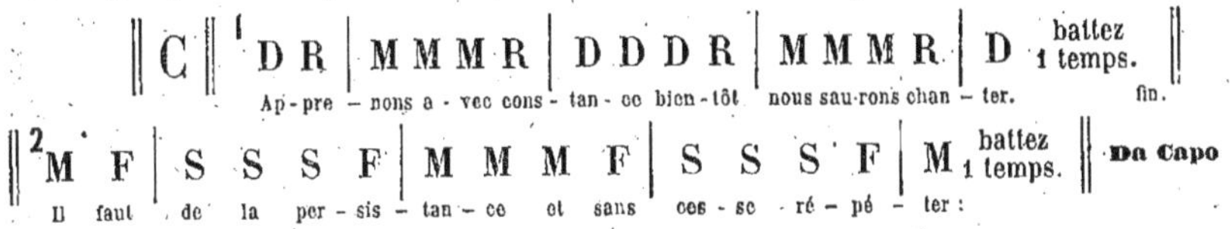

‖C‖ [1]D R | M M M R | D D D R | M M M R | D battez 1 temps. ‖ fin.
Ap-pre — nons a - vec cons - tan - ce bien - tôt nous sau-rons chan — ter.

‖ [2]M F | S S S F | M M M F | S S S F | M battez 1 temps. ‖ **Da Capo**
Il faut de la per - sis — tan — ce et sans ces - se - ré — pé — ter :

Le mot **da capo** est un **renvoi**. Il signifie qu'il faut revenir en tête du morceau et le recommencer jusqu'au mot **fin.**

La première mesure n'est pas complète. Elle ne contient que deux temps (le 3.e et le 4.e).

La dernière ne contient également que deux temps (le 1.er et le 2.e), mais elle s'achève, au **da capo**, par l'adjonction des deux temps de la première mesure.

Cet air peut aussi être chanté en **canon.** C'est ce qui est indiqué par les chiffres 1 et 2.

Employez aussi pour **renvoi** une étoile ou toute autre marque de convention, que vous répéterez en tête du passage auquel il faut recourir. Exemple :

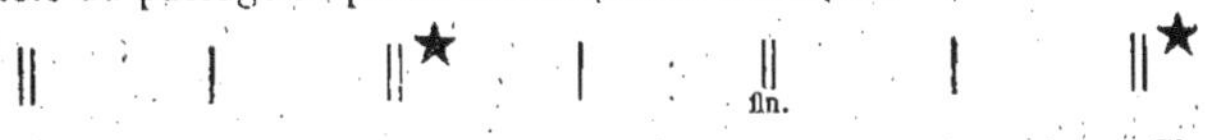

‖ | ‖★ | ‖ fin. | ‖★

Une **reprise** est un passage que l'on doit dire deux fois consécutives. C'est ce qu'on indique par deux points (:) Ces deux points, placés en avant de la double barre finale du passage, signifient qu'il faut le recommencer :‖ Quand ils sont placés après la double barre du commencement, ils avertissent que le passage devra être répété ‖:

Exemple : ‖ | | :‖: | | :‖

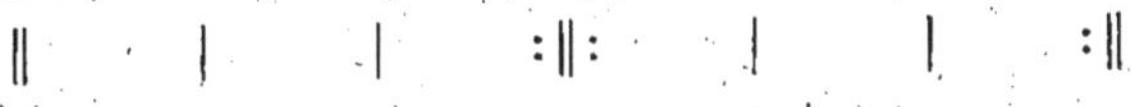

Application. ‖C‖★D R M F | S F M R | D R M F | M R D B | D R M F | S F M R | D B L B | D R D battez 1 temps. :‖: fin. R M F S | L S F M | R D B D | R M R R :‖★

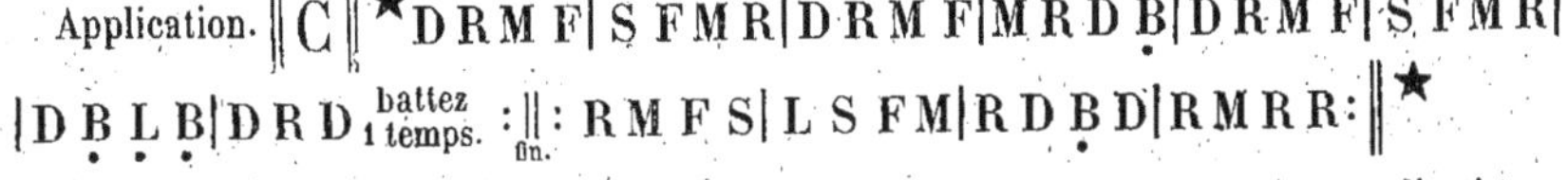

Résumé. Expliquez en quoi consiste le rhythme — la solmisation — la vocalisation — le chant — la mélodie — l'harmonie — le canon — le renvoi — la reprise.

CINQUIÈME LEÇON. — VALEURS.

Pour déterminer l'*intonation* des notes nous avons employé les consonnes initiales de leurs noms : D R M etc. Pour en déterminer la *valeur* nous ferons usage de voyelles.

INDICATION DES VALEURS					NOMBRE de temps binaires à battre pour chaque valeur.
dans la langue des sons.	DANS LA NOTATION ORDINAIRE				
	POUR LES SONS.		POUR LES SILENCES.		
	Figures.	NOMS.	Figures.	NOMS.	
a		Ronde.		Pause.	4
é		Blanche.		Demi-pause.	2
i		Noire.		Soupir.	1
o		Croche.		1/2 soupir.	1/2
u		Double-croche.		1/4 de soupir.	1/4
eu		Triple-croche.		1/8 de soupir.	1/8
ou		Quadruple-croche.		1/16 de soupir.	1/16

TABLEAU DE LA VALEUR RELATIVE DES VOYELLES.

VOYELLES indiquant LES VALEURS.	VALEURS ÉQUIVALENTES.						
	a	é	i	o	u	eu	ou
a	1	2	4	8	16	32	64
é	»	1	2	4	8	16	32
i	»	»	1	2	4	8	16
o	»	»	»	1	2	4	8
u	»	»	»	»	1	2	4
eu	»	»	»	»	»	1	2
ou	»	»	»	»	»	»	1

Prenant pour **unité**, comme point de comparaison, la valeur de **o**,

nous aurons :	a	é	i	o	u	eu	ou
Valant	8	4	2	1	1/2	1/4	1/8

O.

La valeur de **o** est celle de l'**unité**.

Il faut deux **o** pour un temps **binaire**; il en faut trois pour un temps **ternaire**.

Exercices sur les *valeurs*, à rhythmer :

‖C‖a |é é |i i i i |o o o o o o o o |é i i |i é i |i o o i uuuu|i i é ‖

‖3/4‖é i |i é |i o o o o |i uuuu i |o uu i o o |é o o |o o i i |é i ‖

Un point placé après un signe de valeurs en augmente la durée de moitié. Un second point vient encore ajouter moitié à la durée du premier.

Ainsi, *é* • équivaut à *é i; — é* • • équivaut à *é i o; — i* . équivaut à *i o*, etc.

Vous pouvez, au moyen de ce qui précède, rhythmer les batteries du tambour. Exemple :

PAS ORDINAIRE. ‖C‖é é |i i é |é é |i i i •o|i i i •o|i i é :‖

LA RETRAITE. ‖2/4‖i uuuu|é |i o o|i •o|i i |i •o|i i |i o o|i i |é :‖

PAS ACCÉLÉRÉ. ‖6/8‖i oi o|i oi •|i • i o|i oi •|i • i o|i oi o|i oi •|i oi • :‖

Résumé. Dites comment on indique la valeur des sons et des silences—dans la notation usuelle — dans la langue des sons — combien chaque signe de durée vaut de temps — quelle voyelle répond à l'unité et quelle est la valeur relative des autres signes de durée en les comparant à l'unité.

SIXIÈME LEÇON. — Réunion des intonations et des valeurs. Liaisons. Triolets.

En joignant aux voyelles indicatives des valeurs les consonnes qui déterminent les intonations, nous exprimerons à la fois ces deux choses, et en une seule syllabe. Exemple :

‖ C ‖ Da | Ré Mé | Fi Si Li Bi | Ḋo Bo Lo So Fo Mo Ro Do | etc.

Les **silences** se désignent par les voyelles seules *a é i*, etc., que, pour plus de clarté, nous mettrons en caractère penché. (Voyez le *Tableau synoptique de la langue des sons*, 1re leçon.)

EXERCICES A RHYTHMER ET A SOLFIER.

En *rhythmant*, vous pouvez lire les notes telles qu'elles sont écrites, parce que cet exercice a spécialement pour objet d'attirer l'attention sur les voyelles pour l'étude des valeurs des sons et des silences; mais en solfiant vous devez ne prononcer que le numéro des notes.

‖ C ‖ ¹Da | Ré Ré ‖ ²Mi Mi Mi Mi | Fé *é* | Sé Si *i* | Li Li Li *i* |
Bi *i é*	Ḋi *i* Ḋé	Ṙi Ṙi Ṙé	Ṁé . *i*	Ṙi *i* Ṙi Ṙi	*é* Ḋi *i*	Bi *i* Bé
Li Li *é*	Si *i* Si *i*	Fé Fi Fi	*é* Mé	Ri Ri *é*	Dé . Di	Ri Ré Ri
i Mi *é*	Fi *é* Fi	*i* Sé .	Li Lé .	*i* Bi Bi Bi	*i* Ḋé *i*	Ṙé *i* Ṙi	*i* Ṁi *i* Ṁi
i Ṙi Ṙé	*é i* Ḋi	*i* Bé Bi	Li Lé Li	*i* Si Si *i*	Fi Fé *i*	*é* Mi Mi	Ri Ri *i* Ri ‖ ¹

Répétez le même exercice en doublant la vitesse du mouvement. Et comme vous seriez gêné par la rapidité des battements, substituez la mesure 2 à la mesure C. Vous battrez alors a deux temps ce que vous venez d'exécuter à quatre. Vous produirez le même effet que si l'on avait fait *é* de *a*, *i* de *é*, *o* de *i*, et vous acquerrez ainsi l'indispensable habitude de solfier avec rapidité.

Autre exercice à répéter également en mesure 2.

‖ C ‖ ¹Dé Ri Ri ‖ ²Mo Mo Mo Mo Fi *i* | Si So *o* Lo Lo Lo *o* | Bo *o i* Ḋo *o* Ḋi |
Ṙo Ṙo Ṙi Ṁi . *o*	Ṙo *o* Ṙo Ṙo *i* Ḋo *o*	Bo *o* Bi Lo *o i*	So *o* So *o* Fi Fo *o*
i Mi Ro Ro *i*	Di . Do Ro Ri Ro	*o* Mo *i* Fo *i* Fo	*o* Si . Lo Li .
o Bo Bo Bo *o* Ḋi *o*	Ṙi *o* Ṙo *o* Ṁo *o* Ṁo	*o* Ṙo Ṙi *i o* Ḋo	*o* Bi Bo Lo Li Lo
o So So *o* Fo Fi *o*	*i* Mo Mo Ro Ro *o* Ro ‖ ¹

Solfiez ensuite ces deux exercices en **canon.**

Quand plusieurs notes semblables pour l'intonation se trouvent réunies par un trait arqué ⁀ nommé **liaison**, on ne prononce que la première, et le son se soutient pendant la durée de toutes les autres. Exemple que l'on peut solfier en canon :

‖ 2/4 ‖ Di Ri | Ri Mi | Fi Fo Mo | Ri Di ‖ Mi Fi | Fi Si | Li Lo So | Fi Mi ‖

Ri Ri équivalent à Ré ; Fi Fo résument en une seule note la valeur de trois o ; etc.

La liaison s'emploie aussi pour réunir, dans la vocalisation ou dans le chant, plusieurs notes d'intonations différentes qui doivent se faire entendre en une seule émission de la voix ou sur une seule syllabe.

‖ 2/4 ‖ Do Ro Mo Fo | Si Si | Lo So Fo Mo | Mo Ro Di ‖
Li i ons en - sem - ble que e el ques no o tes.

Écrivez : Li - ons en - sem - ble quel - ques no - tes.

Les mesures sont habituellement composées en entier de temps *binaires* ou de temps *ternaires*. Néanmoins, quelquefois on emploie des temps ternaires dans les mesures à temps binaires.

Pour reconnaître les temps qui, dans ces mesures, doivent être *ternaires*, on met au-dessus des notes dont ils sont composés un trait courbe qui les réunit et que l'on surmonte du chiffre 3. C'est ce qu'on nomme un *triolet*.

Pour les sous-divisions du *triolet*, on remplace le 3 par le chiffre qui indique la sous-division. Exemple :

‖ 2/4 ‖ Di Ro Mo Ro (3) | Do Ro Mo Fo | Si Lu Su Fu Mu Ru Du (6) | Ri Do o ‖

Le signe 𝄐 placé sur une note ou sur un silence en prolonge la valeur d'une manière indéterminée et laissée au goût de l'exécutant. Il se nomme alors *point d'arrêt*. S'il a pour objet de laisser à l'exécutant la liberté d'intercaler dans le morceau des traits d'agrément de nature à faire valoir son talent, il prend le nom de *point d'orgue*.

Résumé. Dites comment on exprime à la fois le son et sa valeur — comment on indique les silences — expliquez la liaison — le triolet — le point d'arrêt et le point d'orgue.

SEPTIÈME LEÇON— Tons ; Demi-tons. Gammes diatonique et chromatique. Dièse ; Bémol ; Bécarre. Complément de la langue des sons.

La gamme telle que vous l'avez apprise se compose de 8 sons représentés par les 7 notes D R M F S L B et la répétition de la première note à l'aigu Ḋ.

Mais le nombre des sons différents dont on fait usage dans l'étendue de cette gamme s'élève à **12**, plus, comme il est dit ci-dessus, la répétition de la première note à l'aigu.

C'est ce que l'inspection de la planche 1.re fait comprendre. La figure **A** représente une portion du clavier d'un piano ou d'un orgue. Ce clavier est partagé en séries de **12** touches consécutives.

Chacune de ces séries contient **7** touches blanches et 5 touches noires rangées dans un ordre identique.

D'une touche à la suivante, quelle qu'en soit la couleur, le son, en allant de gauche à droite, monte d'une quantité dite *demi-ton.*

Conséquemment, deux touches séparées par une autre, se trouvent à distance double, c'est-à-dire que les deux sons diffèrent *d'un ton.*

J'ai écrit sur les touches blanches de ce clavier les notes composant la gamme que vous connaissez, savoir :

Touches :	Blanche	noire	blanche	noire	blanche	blanche	noire	blanche	noire	blanche	noire	blanche	blanche.
	D	»	R	»	M	F	»	S	»	L	»	B	Ḋ
	1	»	2	»	3	4	»	5	»	6	»	7	$\dot{1}$

ton — ton — demi-ton — ton — ton — ton — demi-ton.

Total : 5 tons et 2 demi-tons. (Ces derniers sont entre les 3.e et 4.e degrés et entre les 7.e et 8.e et ne sont point séparés par une touche noire.)

Cette gamme, qui procède par tons et demi-tons, prend le nom de gamme **diatonique.**

Quant aux 5 sons représentés par les touches noires, ils prennent, selon les cas, tantôt le nom de la note inférieure, tantôt celui de la note supérieure dans l'ordre de la gamme. Et, comme la dénomination ne change pas, il faut ajouter quelque chose qui annonce que le son doit être haussé ou baissé.

A cet effet, dans la notation usuelle, on place, en avant de la note,

le signe ♯ nommé *dièse* pour dire que le son doit être haussé d'un demi ton.

le signe ♭ nommé *bémol* pour dire que le son doit être baissé d'un demi ton.

et le signe ♮ nommé *bécarre* pour dire que la note, *diésée* ou *bémolisée,* doit reprendre son état normal.

Ces signes se nomment encore signes d'altération, parce qu'ils changent l'intonation des notes qu'ils accompagnent.

Dans la langue des sons, pour en tenir lieu, on ajoute à l'indication des notes (comme nous l'avons dit dans la première leçon), la prononciation finale des mots diè*se*, bémo*l* et béca*rre* ; savoir : *z*, pour dièse, *l*, pour bémol, et *r* pour bécarre.

L'ensemble des sons que l'on peut employer dans l'étendue d'une gamme nous donnera donc : (Voyez planche 1re, en **C** et **B**).

Touches :	Blanche	noire	blanche	noire	blanche	blanche	noire	blanche	noire	blanche	noire	blanche	blanche
Avec des dièses	D	Dz	R	Rz	M	F	Fz	S	Sz	L	Lz	B	Ḋ
Avec des bémols	D	Rl	R	Ml	M	F	Sl	S	Ll	L	Bl	B	Ḋ

La gamme, ainsi composée de 12 sons à distance de demi-ton, prend le nom de gamme **chromatique**, qui s'écrit par dièses en montant et par bémols en descendant.

Les deux demi-tons qui entrent dans la composition de la gamme diatonique se nomment demi-tons **diatoniques.** Les cinq demi-tons intercalés qui viennent compléter la gamme chromatique se nomment demi-tons **chromatiques.**

En ajoutant ces lettres, *z*, *l*, *r*, à la fin des syllabes dont nous avons précédemment parlé, nous aurons un langage complet exprimant tout à la fois l'intonation et la durée des notes, ainsi que les dièses, bémols et bécarres qui peuvent les accompagner. Exemple :

Doz, pour 1, croche, dièse.—Ril, pour 2, noire, bémol.—Mér, pour 3, blanche, bécarre.

On peut même hausser ou baisser chaque note de deux demi-tons : on double alors le signe qui l'indique. Exemple : Mozz, — Sill.

Toute note non diésée ou bémolisée est dite **naturelle.**

(Voyez, à la première leçon, le *Tableau synoptique de la langue des sons.*)

EXERCICES SUR LES DIÈSES ET LES BÉMOLS.

‖ 2/4 ‖ Di Ri | Do Doz Ri | Ri Mi | Ro Roz Mi | Mi Fi | Mo Mo Fi | Fi Si |
| Fo Foz Si | Si Li | So Soz Li | Li Bi | Lo Loz Bi | Bi Ḋi | Bo Bo Ḋi | Ḋi Bi |
| Ḋo Ḋo Bi | Bi Li | Bo Bol Li | Li Si | Lo Lol Si | Si Fi | So Sol Fi | Fi Mi |
| Fo Fo Mi | Mi Ri | Mo Mol Ri | Ri Di | Ro Rol Di ‖

‖ 2/4 ‖ Di Doz Ro | Roz Mo Fo Foz | Si Soz Lo | Loz Bo Ḋi ‖ Ḋi Bo Bol |
| Lo Lol So Sol | Fi Mo Mol | Ro Rol Di ‖

Dans toutes les mesures où les notes de la gamme se trouvent déjà à distance de demi-ton, il n'y a pas eu lieu d'employer le dièse ni le bémol.

Exemple : ‖ Mo Mo Fi | Bo Bo Ḋi | Ḋo Ḋo Bi | Fo Fo Mi ‖

Partout ailleurs j'ai pu les placer, et l'effet pour l'oreille est le même qu'entre M et F ou B et Ḋ.

Exemple : Chantez Ḋo Bo Ḋi. Dites ensuite So Foz Si, en conservant à So le même son qu'à Ḋi, vous verrez que les intonations sont exactement les mêmes.

Résumé. Expliquez la composition de la gamme en tons et demi-tons — la gamme diatonique — la gamme chromatique — les demi-tons diatoniques et chromatiques — le clavier du piano — les dièses, bémols et bécarres dans la notation usuelle et dans la langue des sons — l'indication en une seule syllabe de la note, de sa valeur et de l'altération.

HUITIÈME LEÇON. — INTERVALLES.

Vous avez jusqu'à présent solfié en suivant l'ordre de la gamme, il faut maintenant apprendre à saisir les intonations dans quelqu'ordre qu'elles se présentent.

Exemple : D S M B R F, etc.

Le rang des notes dans la gamme se compte par **degrés**. D occupe le premier degré, R le second, M le troisième, etc.

Quand les notes se suivent, comme D R M F S, etc., elles sont par **degrés conjoints**, c'est-à-dire joints ensemble.

Quand elles ne se suivent pas dans leur ordre numérique ; elles sont par **degrés disjoints**, c'est-à-dire séparés. Exemple : D S M B F, etc.

La différence d'intonation qui existe entre deux sons qui n'occupent pas le même degré dans la gamme se nomme **intervalle**.

On distingue les intervalles par les dénominations suivantes :

Deux notes occupant le même degré n'ont pas d'intervalle entre elles. Elles ont le même son et par ce motif on les dit à l'unisson. Exemples : D D R R M M

L'intervalle de	2	degrés se nomme	seconde.	—	D R	R M	S L
—	3	—	tierce.	—	D M	S B	F L
—	4	—	quarte.	—	D F	M L	R S
—	5	—	quinte.	—	D S	R L	F Ḋ
—	6	—	sixte.	—	D L	M Ḋ	R B
—	7	—	septième.	—	D B	F Ṁ	M Ṙ
—	8	—	huitième.	—	D Ḋ	R Ṙ	M Ṁ
—	9	—	neuvième.	—	D Ṙ	R Ṁ	S L̇
—	10	—	dixième.	—	D Ṁ	S Ḃ	F L̇
	etc.						

L'intervalle de huitième se nomme aussi **octave**.

TABLEAUX POUR L'ÉTUDE DES INTERVALLES.

Lisez ce tableau de haut en bas : 1.° deux colonnes à la fois. Exemple : D R, R D, D M, etc ; 2.° trois colonnes. Exemple : D R D, R D M, D M D, etc.; 3.° quatre colonnes. Exemple : D R D M, R D M D, D M D F, etc.

Nommez les lettres par leur numéro d'ordre dans la gamme, et battez pour deux colonnes la mesure $\frac{2}{4}$, pour trois colonnes la mesure $\frac{3}{4}$ et pour quatre colonnes la mesure C.

Pour faciliter le coup-d'œil, couvrez les colonnes à gauche et à droite, pour ne laisser de visible que celles que vous solfiez.

INTERVALLES. — 1.er TABLEAU.

Gamme diatonique, dite *majeure*. (Voyez onzième tableau.)

	2.de		3.ce		4.te		5.te		6.te		7.me		8.me		9.me		10.me	
D	R	D	M	D	F	D	S	D	L	D	B	D	Ḋ	D	Ṙ	D	Ṁ	D
R	M	R	F	R	S	R	L	R	B	R	Ḋ	R	Ṙ	R	Ṁ	R	Ṙ	R
M	F	M	S	M	L	M	B	M	Ḋ	M	Ṙ	M	Ṁ	M	Ṙ	M	Ḋ	M
F	S	F	L	F	B	F	Ḋ	F	Ṙ	F	Ṁ	F	Ṙ	F	Ḋ	F	B	F
S	L	S	B	S	Ḋ	S	Ṙ	S	Ṁ	S	Ṙ	S	Ḋ	S	B	S	L	S
L	B	L	Ḋ	L	Ṙ	L	Ṁ	L	Ṙ	L	Ḋ	L	B	L	L	L	S	L
B	Ḋ	B	Ṙ	B	Ṁ	B	Ṙ	B	Ḋ	B	B	B	L	B	S	B	F	B
Ḋ	Ṙ	Ḋ	Ṁ	Ḋ	Ṙ	Ḋ	Ḋ	Ḋ	B	Ḋ	L	Ḋ	S	Ḋ	F	Ḋ	M	Ḋ
Ṙ	Ṁ	Ṙ	Ṙ	Ṙ	Ḋ	Ṙ	B	Ṙ	L	Ṙ	S	Ṙ	F	Ṙ	M	Ṙ	R	Ṙ
Ṁ	Ṙ	Ṁ	Ḋ	Ṁ	B	Ṁ	L	Ṁ	S	Ṁ	F	Ṁ	M	Ṁ	R	Ṁ	D	Ṁ
Ṙ	Ḋ	Ṙ	B	Ṙ	L	Ṙ	S	Ṙ	F	Ṙ	M	Ṙ	R	Ṙ	D	Ṙ	R	Ṙ
Ḋ	B	Ḋ	L	Ḋ	S	Ḋ	F	Ḋ	M	Ḋ	R	Ḋ	D	Ḋ	R	Ḋ	M	Ḋ
B	L	B	S	B	F	B	M	B	R	B	D	B	R	B	M	B	F	B
L	S	L	F	L	M	L	R	L	D	L	R	L	M	L	F	L	S	L
S	F	S	M	S	R	S	D	S	R	S	M	S	F	S	S	S	L	S
F	M	F	R	F	D	F	R	F	M	F	F	F	S	F	L	F	B	F
M	R	M	D	M	R	M	M	M	F	M	S	M	L	M	B	M	Ḋ	M
R	D	R	R	R	M	R	F	R	S	R	L	R	B	R	Ḋ	R	Ṙ	R

INTERVALLES. — 2.e TABLEAU.

Gamme diatonique, dite *mineure.* (Voyez onzième leçon.)

	2.de		3.ce		4.te		5.te		6.te		7.me		8.me		9.me		10.me	
Ḷ	Ḅ	Ḷ	D	Ḷ	R	Ḷ	M	Ḷ	F	Ḷ	Sz	Ḷ	L	Ḷ	B	Ḷ	Ḋ	Ḷ
Ḅ	D	Ḅ	R	Ḅ	M	Ḅ	F	Ḅ	Sz	Ḅ	L	Ḅ	B	Ḅ	Ḋ	Ḅ	B	Ḅ
D	R	D	M	D	F	D	Sz	D	L	D	B	D	Ḋ	D	B	D	L	D
R	M	R	F	R	Sz	R	L	R	B	R	Ḋ	R	B	R	L	R	S	R
M	F	M	Sz	M	L	M	B	M	Ḋ	M	B	M	L	M	S	M	F	M
Fz	Sz	Fz	L	Fz	B	Fz	Ḋ	Fz	B	Fz	L	Fz	S	Fz	F	Fz	M	Fz
Sz	L	Sz	B	Sz	Ḋ	Sz	B	Sz	L	Sz	S	Sz	F	Sz	M	Sz	R	Sz
L	B	L	Ḋ	L	B	L	L	L	S	L	F	L	M	L	R	L	D	L
B	Ḋ	B	B	B	L	B	S	B	F	B	M	B	R	B	D	B	Ḅ	B
Ḋ	B	Ḋ	L	Ḋ	S	Ḋ	F	Ḋ	M	Ḋ	R	Ḋ	D	Ḋ	Ḅ	Ḋ	Ḷ	Ḋ
B	L	B	S	B	F	B	M	B	R	B	D	B	Ḅ	B	Ḷ	B	Ḅ	B
L	S	L	F	L	M	L	R	L	D	L	Ḅ	L	Ḷ	L	Ḅ	L	D	L
S	F	S	M	S	R	S	D	S	Ḅ	S	Ḷ	S	Ḅ	S	D	S	R	S
F	M	F	R	F	D	F	Ḅ	F	Ḷ	F	Ḅ	F	D	F	R	F	M	F
M	R	M	D	M	Ḅ	M	Ḷ	M	Ḅ	M	D	M	R	M	M	M	F	M
R	D	R	Ḅ	R	Ḷ	R	Ḅ	R	D	R	Ṛ	R	M	R	F	R	Sz	R
D	Ḅ	D	Ḷ	D	Ḅ	D	D	D	R	D	M	D	F	D	Sz	D	L	D
Ḅ	Ḷ	Ḅ	Ḅ	Ḅ	D	Ḅ	R	Ḅ	M	Ḅ	F	Ḅ	Sz	Ḅ	L	Ḅ	B	Ḅ

Résumé. Définissez les degrés conjoints et disjoints — les intervalles — leur composition.

NEUVIÈME LEÇON. — Propriétés relatives des notes de la gamme ; Établissement du ton ; Changement de ton.

En raison des propriétés relatives qui existent entre les notes, on leur a encore donné les noms suivants :

1.er son	D	tonique.
2.me	—	R	sus-tonique.
3.me	—	M	médiante.
4.me	—	F	sous-dominante.
5.me	—	S	dominante.
6.me	—	L	sus-dominante.
7.me	—	B	sensible.
8.me	—	Ḋ	tonique octave.

Voici le rôle de chacune de ces notes dans la gamme :

1.° **Tonique,** son principal ou fondamental, qui détermine le *ton* de la gamme. Il implique aussi l'idée du repos. Il termine ordinairement tout morceau de musique et toute phrase musicale dont le sens est complet.

2.° **Dominante.** Ce son est le plus important après la tonique. Il domine les autres par son retour fréquent. Il termine ordinairement les phrases musicales dont le sens n'est pas encore complet.

3.° **Médiante.** Sorte de trait-d'union, de médiation entre la tonique et la dominante. Ces trois sons, entendus simultanément ou l'un après l'autre, produisent un effet si agréable qu'on a donné à leur ensemble le nom **d'accord parfait.**

4.° **Sensible.** Ce son laisse en suspens ; on ne saurait s'y arrêter sans malaise, et l'oreille inquiète demande, pour être satisfaite, la production de la tonique que la sensible faisait pressentir et désirer.

Les autres sons jouent dans la gamme un rôle plus secondaire. Ils tirent leurs noms des sons voisins les plus considérables autour desquels ils viennent se grouper.

Les sons, vous le savez, diffèrent par l'intonation. D est plus grave que S, L est plus aigu que M, etc.

Le premier son de la gamme en détermine le **ton.** Mais ce son n'a rien d'absolu. Il peut être pris à différents degrés d'élévation, selon la nature et l'étendue de la voix des chanteurs. Il suffit que rien ne soit changé à l'intonation *relative* des sons. C'est ce qui fait dire que : *la gamme peut être chantée sur tous les tons.*

Exemple : Solfiez D R M F S L B Ḋ. Recommencez cette même gamme en donnant à la tonique, D, l'intonation qu'avait S, vous produirez le même air, sauf la différence d'élévation. Il en sera de même si vous prenez pour tonique un autre point de départ. Il faut, autant que possible, changer l'intonation de la tonique à chaque nouvel exercice, afin de familiariser la voix avec tous les degrés de gravité et d'acuité.

Puisque l'on peut chanter la gamme *sur tous les tons*, il est nécessaire de déterminer ce **ton** à chaque morceau de musique par une indication quelconque; sans cela on serait exposé à de nombreux tâtonnements avant de trouver le degré convenable à la voix.

Prenons pour guide le **diapason.**

Mettons en tête de la musique le mot **diapason** suivi de la lettre indiquant la note à laquelle le son de cet instrument doit correspondre. Exemple : *Diapason* L.

Cela signifie que la sixième note de la gamme, L, doit avoir la même intonation que le *diapason*.

Au moment d'exécuter, faites résonner un diapason, soutenez avec la voix le son produit en prononçant 6, et achevez la gamme jusqu'à ce que, soit en montant, soit en descendant, vous arriviez à la tonique D.

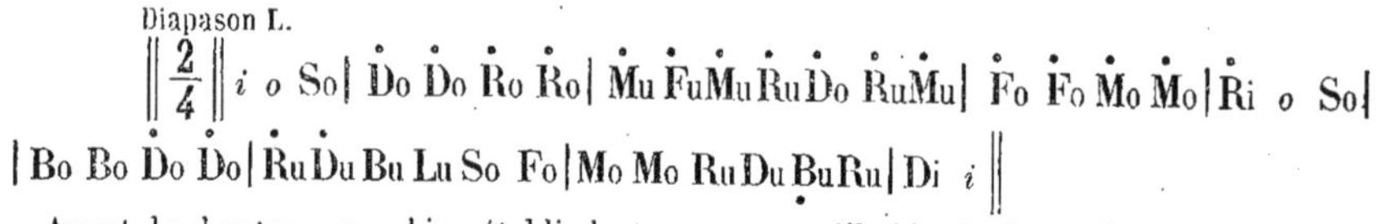

Diapason L.

‖ $\frac{2}{4}$ ‖ *i o* So | Do Do Ro Ro | Mu FuMuRuDo RuMu | Fo Fo Mo Mo | Ri *o* So |

| Bo Bo Do Do | RuDuBu Lu So Fo | Mo Mo RuDuBuRu | Di *i* ‖

Avant de chanter, pour bien établir le **ton**, prenez l'habitude de faire l'accord parfait D M S D   D S M D qui constitue la charpente de la gamme.

Si le ton ne convient pas à votre voix, baissez ou élevez la tonique et chantez le nouvel accord parfait.

Il arrive souvent que, dans le courant d'un même morceau, la gamme change de *ton*, c'est-à-dire que l'intonation de la *tonique*, et conséquemment des autres notes, devient plus aiguë ou plus grave. Nous indiquerons ce changement en mettant entre parenthèses ( ) la note qui doit avoir, dans le ton nouveau, l'intonation de la dernière note chantée.

Alors, tout en conservant le son de cette dernière note, prononcez le nom qu'elle va prendre dans la gamme nouvelle et faites-en le point de départ pour ce qui suit. Exemple :

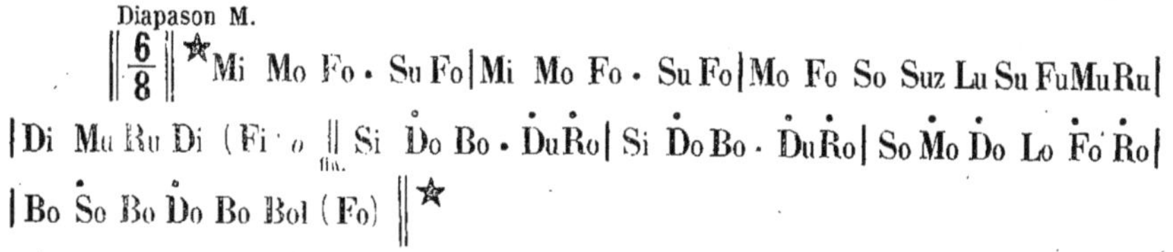

Diapason M.

‖ $\frac{6}{8}$ ‖ ☆Mi Mo Fo · Su Fo | Mi Mo Fo · Su Fo | Mo Fo So Suz Lu Su FuMuRu |

| Di Mu Ru Di (Fi *o* ‖ Si Do Bo · DuRo | Si Do Bo · DuRo | So Mo Do Lo Fo Ro |
fin.

| Bo So Bo Do Bo Bol (Fo) ‖☆

La note entre parenthèses ne compte pas dans la mesure du morceau. Le (Fi) de l'exemple ci-dessus indique qu'en faisant entendre le son du Di qui précède il faut prononcer le mot 4. De cette manière le Si qui suit aura le son qu'aurait eu un Ri sans cette mutation.

Le (Fo) indique qu'en faisant entendre le Bol qui précède il faut prononcer le mot 4. De cette manière le Mi qui suit aura le son qu'aurait eu sans cela un Li.

Résumé. Définissez les propriétés relatives des notes dans la gamme — l'accord parfait — dites comment on établit le ton dans lequel la musique doit être exécutée — comment on passe d'un ton dans un autre.

DIXIÈME LEÇON. — Intervalles majeurs, mineurs, justes, augmentés, diminués. Renversements.

Vous avez vu (7e leçon), que deux sons qui se suivent par degrés conjoints forment l'intervalle de seconde, la gamme n'est donc qu'une succession de secondes.

Mais toutes, vous le savez, ne sont pas égales. Entre le 3.e et le 4.e degré et entre le 7.e et le 8.e, il n'y a qu'un demi-ton, tandis qu'entre les autres il y a un ton (7.e leçon).

Les secondes composées d'un ton, comme DR, RM, FS, SL, LB, sont *majeures*, et celles composées d'un demi-ton, comme MF, BḊ, sont *mineures*.

Ces différences existent aussi pour les autres intervalles, puisqu'ils sont formés d'un certain nombre de secondes. Voyez le tableau qui suit :

Tableau des intervalles contenus dans la gamme diatonique en prenant la tonique pour base.

INTERVALLES directs	NOMBRE de Tons.	NOMBRE de 1/2 tons.	PATRON DE LA GAMME. ton ton 1/2 ton ton ton ton 1/2 ton. D R M F S L B Ḋ	NOMBRE de Tons.	NOMBRE de 1/2 tons.	INTERVALLES renversés.
2.de majeure.	1	»	D R . . . . . Ḋ	4	2	7.e mineure.
3.ce —	2	»	D . M . . . . Ḋ	3	2	6.te —
4.te juste.	2	1	D . . F . . . Ḋ	3	1	5.te juste.
5.te —	3	1	D . . . S . . Ḋ	2	1	4.te —
6.te majeure.	4	1	D . . . . L . Ḋ	1	1	3.ce mineure.
7.e —	5	1	D . . . . . B Ḋ	»	1	2.de —
8.e ou octave.	5	2	D . . . . . . Ḋ	»	»	

Tout intervalle peut être renversé. Il faut pour cela en porter le son le plus grave à l'octave aiguë ou le son le plus aigu à l'octave grave. Il en résulte que le *renversement* ou *complément* d'un intervalle complète l'octave. (Voyez le tableau ci-dessus.)

Exemple : Intervalles directs D à M — B à S — D à S

Renversements M à Ḋ — S à Ḅ — S à Ḋ

La désignation d'un intervalle forme avec celle de son renversement le nombre 9. Exemples :

Intervalles directs	1.me	2.de	3.ce	4.te	5.te	6.te	7.me	8.me
Renversements	8.me	7.me	6.te	5.te	4.te	3.ce	2.de	1.me

Vous voyez, dans le tableau qui précède :

Que les intervalles **directs** de 2.de, 3.^{ce}, 6.te et 7.me sont un demi-ton *plus grands* que les intervalles **renversés** de mêmes noms. C'est ce qui justifie les qualifications de **majeurs** et de **mineurs.**

Qu'au contraire, les intervalles **directs** de 4.te et de 5.te sont *égaux* aux intervalles **renversés** de mêmes noms. C'est pour cette raison qu'on les qualifie d'intervalles **justes.**

Les intervalles **majeurs**, **mineurs** et **justes** peuvent être **augmentés** ou **diminués** d'un demi-ton par l'adjonction d'un dièse ou d'un bémol.

Voici le résumé de ce qui précède :

L'intervalle majeur est d'*un demi-ton* plus grand que l'intervalle mineur.
———————diminué——————————petit——————————ou juste.
———————augmenté—————————grand——————————majeur ou juste.

Le renversement d'un intervalle majeur est mineur.
——————————————mineur — majeur.
——————————————juste — juste.
——————————————augmenté — diminué.
——————————————diminué — augmenté.

Résumé. Expliquez les intervalles majeurs, mineurs, justes, diminués, augmentés, renversés.

ONZIÈME LEÇON. — Gamme majeure ; Gamme mineure.

La gamme, D R M F S L B Ḋ, dite *gamme majeure*, peut recevoir une modification importante qui change le caractère et les effets de la musique.

Si l'on baisse d'un demi-ton le 3.e et le 6.e son, en d'autres termes : si l'on remplace la tierce et la sixte *majeures* par une tierce et une sixte *mineures*, la musique prend une teinte de douceur et de mélancolie qui a beaucoup de charme. La gamme, ainsi modifiée, se nomme *gamme mineure*.

La différence d'ordre de succession des tons et demi-tons, dans ces deux gammes, constitue deux *modes*, savoir : le mode *majeur* où l'on emploie la gamme majeure, et le mode *mineur* où l'on fait usage de la gamme *mineure*. Exemple :

Gamme majeure D — R — M F — S — L — B Ḋ

— mineure D — R Mi — F — S Li — — B Ḋ

Ces gammes diffèrent, comme nous l'avons dit, en ce que la tierce et la sixte sont majeures dans la première et mineures dans la seconde, et que les demi-tons sont changés de place.

On écrit encore ainsi la gamme mineure :

En montant ⇢ D — R Mi — F — S — L — B Ḋ

Et en descendant D — R Mi — F — S Li — Bi — Ḋ ⇠

En montant, on rapproche L de B par la suppression du bémol.

En descendant, ———— B de L par l'addition d'un bémol.

Cela adoucit l'effet un peu dur de la seconde augmentée qui existait entre Li et B.

On obtient encore une gamme mineure si on la commence par la 6.e note de la gamme majeure. Exemple :

Gamme majeure ⇢ D — R — M F — S — L — B Ḋ

——— mineure ⇢ Ḷ — Ḅ D — R — M F — — Sz L

Autre en montant ⇢ Ḷ — Ḅ D — R — M — Fz — Sz L

——— en descendant Ḷ — Ḅ D — R — M F — S — L ⇠

Dans le premier exemple ci-dessus de la gamme mineure, on a mis un dièse à S pour en faire la note sensible de L. Ce signe d'altération de S, dans le cours d'un morceau, est un indice presque certain du mode mineur.

Dans le deuxième exemple, on a monté F par un dièse, et dans le troisième on a baissé S en supprimant le dièse afin d'adoucir, comme nous l'avons dit plus haut, l'effet de la seconde augmentée qui se trouvait de F à Sz.

Remarquez que le troisième exemple contient exactement et sans altération les mêmes notes que la gamme majeure ; et que la seule différence consiste dans le placement des demi-tons qui ne se trouvent plus aux mêmes degrés, à cause du changement de point de départ.

Résumé. Expliquez les modes majeur et mineur — faites ressortir les différences qui existent entre les gammes de ces deux modes.

DOUZIÈME LEÇON. — Indication des mouvements ; Signes d'expression.

Je vous ai dit, à la deuxième leçon, que le *temps* est le régulateur de la vitesse à imprimer à la musique, mais cette vitesse n'a rien d'absolu ; et les *temps*, selon le caractère de la musique, peuvent être battus avec plus ou moins de lenteur. C'est ce qui constitue le **mouvement.**

On indique le mouvement à suivre par des mots italiens que l'on place en tête de la musique. Je vais vous en donner la nomenclature en commençant par les mouvements les plus lents.

Largo, très-lent.
Lento, lent.
Larghetto, entre *largo* et *adagio*.
Adagio, assez lent.
Andante, aisé ; entre *adagio* et *allegretto*.
Moderato, mouvement modéré.
Andantino, un peu plus vite qu'*andante*.
Allegretto, diminutif d'*allegro*.
Tempo di marcia, mouvement de marche.
Allegro, gai.
Vivace, vif.
Presto, vite.
Prestissimo, très-vite.

On emploie aussi les mots suivants qui, outre le mouvement, indiquent l'expression générale à donner à la musique :

Grave, grave.
Maestoso, majestueux.
Sostenuto, soutenu.
Affettuoso, affectueux.
Amoroso, tendre.
Gracioso, grâcieux.
Scherzando, en jouant.
Con brio, avec éclat.
Con fuoco, avec feu.
Agitato, agité.

Souvent on ajoute des qualificatifs tels que :

Un poco, un peu.
Molto, beaucoup.
Assaï, assez.
Ma non troppo, mais pas trop.
Risoluto, résolu.
Con spirito, avec esprit.
Più, plus.
Più stretto, plus serré.

On fait encore usage des termes ci-après :

Ralentando, en ralentissant.
Ritardando, en retardant.
Tempo primo, premier mouvement.
Ad libitum } à volonté.
A piacere }

Toutes ces indications ont quelque chose de vague. Pour mieux préciser la vitesse exacte des mouvements, on se sert maintenant du *métronome*. C'est un instrument à balancier portant une tige graduée, sur laquelle glisse un contre-poids qui fait accélérer ou ralentir la vitesse des oscillations. On met en tête de la musique l'indication d'une des valeurs de notes, et le numéro où il faut fixer le poids pour que l'instrument fasse connaître la durée que doit avoir cette note.

En outre du mouvement plus ou moins accéléré, les sons ont une grande variété de nuance dans l'*intensité* (le plus ou moins de force).

Ces nuances font tout le charme de la musique. Voici les principaux termes et signes qu les indiquent :

CRESCENDO, cresc. < en augmentant de force.

DIMINUENDO, dimin. > en diminuant de force.

CRESC. et DIMIN. <> en augmentant puis en diminuant de force.

CALANDO, MANCANDO, MORENDO, PERPENDOSI, SMORZANDO, voyez *diminuendo.*

RINFORZANDO, SFORZANDO, voyez *crescendo.*

PIANO, P, faible.

PIANISSIMO, PP, PPP, très-faible.

FORTE, F, fort.

FORTISSIMO, FF, FFF, très-fort.

MEZZO-FORTE, mf, demi-fort.

MEZZA VOCE, SOTTO VOCE, à mi-voix.

DOLCE, doux.

LEGATO, lié.

ESPRESSIVO, avec expression.

RITTARDANDO, SLARGANDO, en ralentissant.

SPICCATO, piqué.

STACCATO, détaché.

etc.

Résumé. Dites comment on indique le mouvement plus ou moins vif à imprimer à l'exécution de la musique et les nuances d'expression.

TREIZIÈME LEÇON. — MUSIQUE NOTÉE ; SA TRADUCTION EN LANGUE DES SONS ; SA LECTURE DIRECTE.

Nous allons maintenant faire l'application, à la notation usuelle, des connaissances musicales que vous avez acquises.

Reportez-vous à la cinquième leçon. Vous verrez, dans le tableau des valeurs, par quels signes on remplace les voyelles que vous avez employées jusqu'à présent.

Ces signes sont de deux sortes : les **notes** qui indiquent les **sons**, et les **silences** qui indiquent les **repos.**

Ils s'écrivent sur une sorte d'échelle nommée **portée,** composée de cinq lignes horizontales et parallèles qui se comptent de *bas* en *haut*. (Voyez pl. 2, fig. 1.)

Les **notes** s'y étagent de ligne à interligne ; et quand la portée ne suffit pas pour les contenir on y ajoute, soit au-dessus, soit au-dessous, le nombre nécessaire de petites lignes, dites **additionnelles**, dont la longueur n'excède pas ce qu'il faut pour recevoir les notes surabondantes. (Voyez pl. 2, fig. 2.)

D'une ligne à l'interligne qui suit il y a un **degré.** Le degré **d'acuité** des intonations est subordonné à la position plus ou moins élevée des notes sur la portée. Les plus **graves** sont en bas et les plus **aiguës** sont en haut.

Conséquemment, cette position remplit sur la portée le même office que les consonnes dans la langue des sons.

La **tonique** peut, selon les cas, occuper tous les degrés de la portée.

Au commencement de chaque morceau de musique on pose un signe, nommé **clef,** qui sert à déterminer le nom et la position des notes.

Il y a trois clefs :

La clef de **Fa**, 𝄢 qui se pose sur les 3.e ou 4.e lignes.

— d'**Ut**, 𝄡 ——— les 1.re, 2.e, 3.e ou 4.e lignes.

— de **Sol**, 𝄞 ——— la 2.e ligne.

Ces clefs indiquent la position des notes dont elles portent le nom. (Voyez pl. 2, fig. 3.)

Les clefs sont le plus souvent accompagnées de dièses ou de bémols qui affectent dans le cours du morceau toutes les notes naturelles écrites sur les lignes ou interlignes occupés par ces signes. C'est ce qu'on nomme l'armure de la clef. (Voyez pl. 2, fig. 4 et 5.)

Les **points de prolongation** se placent à la suite de la note qu'ils affectent.

Les **silences** occupent le centre de la portée. (Voyez pl. 2, fig. 6.)

Je n'entrerai pas dans de plus amples détails sur la musique notée. Ce qui précède était nécessaire et suffit : soit ***pour la transcrire en langue des sons,*** soit pour arriver ***à en effectuer directement la lecture.***

Si vous voulez vous borner à ***transcrire en langue des sons la musique notée,*** sans pousser plus loin vos études, le tableau repris à la planche **3** vous en donnera le moyen.

Cherchez dans le haut de la partie A, la case qui indique un nombre de dièses ou de bémols égal à celui du morceau de musique à transcrire.

Descendez le long de la colonne jusqu'à la rencontre d'une clef semblable à celle que porte la musique.

La gamme qui se trouve à droite, en B, sur la même ligne que cette clef, séra la **gamme type** qu'il faudra suivre pour la transcription.

Comparez chacune des notes de la musique avec celles de la **gamme type**, puis écrivez les consonnes qui les accompagnent.

Voilà pour la transcription des intonations.

En ce qui concerne les **valeurs**, comparez, quant à la forme, les notes de la musique avec celles représentées en C, et ajoutez les voyelles qui y correspondent aux consonnes déjà écrites.

Lorsque les notes sont précédées d'un dièse ou d'un bémol qui n'est pas à la clef, ajoutez après la syllabe que vous venez de former la lettre *z* pour dièse et *l* pour bémol.

Lorsque ces dièses ou bémols se trouvent à la clef, n'en tenez aucun compte.

Et lorsque les notes sont précédées d'un bécarre, faites *l* de ce bécarre si ces notes sont diésées à la clef, *z* si elles y sont bémolisées, et n'en tenez aucun compte si ces notes ne sont pas comprises parmi celles diésées ou bémolisées à la clef.

Quant aux signes de silences, transcrivez-les par les voyelles *a é i o u eu ou*, en les isolant.

Ce moyen mécanique est tellement simple que toute personne, même étrangère aux principes de la musique, peut opérer cette transcription.

Pour *lire directement la musique notée*, sans recourir à sa transcription graphique en langue des sons, il faut chercher où est placée la **tonique** dans la musique à exécuter. Partant de ce point, vous trouverez, comme je vous l'ai déjà dit, les autres notes en allant de ligne à interligne. En solfiant vous désignerez chaque note par son numéro d'ordre dans la gamme.

Pour connaître la **tonique** (*a*), voyez si la clef est armée de dièses ou de bémols.

Trois cas se présentent :

Si la clef est armée de dièses, la position du dernier dièse sera celle de la sensible, c'est-à-dire : du N.° 7 ou de B.

Si la clef est armée de bémols, la position du dernier bémol sera celle de la sous-dominante, c'est-à-dire : du N.° 4 ou de F.

Si la clef est sans armure, la ligne sur laquelle cette clef est posée servira de point de repère ;

La clef de Sol donnera la	*dominante*,	c'est-à-dire : le N°	5,	ou	S.
— de Fa —	*sous-dominante*,	—	4,	—	F.
— d'Ut —	*tonique*,	—	1,	—	D.

(*a*) M. Vincent, membre de l'Institut, a publié dans la *Revue de Musique ancienne et moderne*, une Notice sur une *clé universelle*, qu'il nomme *rond-clé*. L'idée en est extrêmement ingénieuse et d'une grande facilité d'application. (*Voir le numéro du* 17 *janvier* 1856).

Ne vous préoccupez pas autrement des dièses ou des bémols qui arment les clefs. Ils n'y sont posés que pour conserver à la gamme son état normal, savoir : un demi-ton de la 3.e à la 4.e note, un demi-ton de la 7.e à la 8.e (l'octave), et un ton partout ailleurs. Mais il n'en est pas de même des signes accidentels qui se rencontrent dans le cours du texte. Il faut en tenir compte parce qu'ils viennent modifier la gamme indiquée par l'armure; à moins toutefois qu'ils ne soient la répétition d'un des dièses ou bémols à la clef. Il faut, dans ce dernier cas, les regarder comme nuls.

Le double-dièse et le double-bémol n'affectent ordinairement, dans le cours du texte, que des notes déjà diésées ou bémolisées à la clef. Nous les considérons alors, en solfiant, comme de simples dièses ou bémols. Mais s'ils accompagnent des notes qui ne sont pas à la clef, ils les haussent ou les baissent d'un ton.

Quand vous rencontrerez une note avec un bécarre, consultez l'armure de la clef. Si cette note y est diésée, faites un bémol du bécarre, parce que, dans ce cas, son effet est de baisser d'un demi-ton l'intonation de la note qu'il accompagne. Si elle y est bémolisée, faites du bécarre un dièse, parce que son effet est alors de hausser la note d'un demi-ton. Et si la note n'est ni diésée ni bémolisée à la clef, ne tenez aucun compte du bécarre.

Résumé. Relatez les signes de la notation usuelle et leur usage— le mode d'application de la langue des sons à cette notation — dites comment on trouve la tonique — ce qui advient pour les signes d'altération.

PLAIN-CHANT.

La *langue des sons* dont nous avons fait usage pour la musique moderne peut aussi s'appliquer au plain-chant, où l'on emploie les mêmes noms de notes : ut ré mi fa sol la si.

Le plain-chant ne se rhythme pas habituellement en mesures égales. Il se divise en petites phrases nommées **neumes**, que l'on sépare au moyen de barres verticales, courtes quand il ne s'agit que d'une simple respiration, plus longues pour indiquer un repos plus prolongé et doubles quand le chant est terminé ou lorsqu'il doit être continué par d'autres exécutants.

Les temps y sont remplacés par des battements de haut en bas que fait le chef du lutrin sur chaque note, et qu'il accélère ou ralentit selon les valeurs.

On n'est pas bien d'accord sur la durée exacte à donner aux notes. La manière d'exécuter le plain-chant diffère non seulement d'un diocèse à l'autre, mais quelquefois dans les paroisses d'une même ville.

Ne pouvant établir de règle absolue, je prendrai pour base le mode récemment adopté par LL. EE. les Archevêques de Reims et de Cambrai.

TABLEAU DES VALEURS			DURÉE des battements pour chaque valeur.
dans la langue des sons.	DANS LA NOTATION ORDINAIRE. Figures.	Dénominations.	
é •	■■	Note longue.	Trois i.
é	■ (à queue)	— à queue.	Deux i.
i	■	— carrée, commune ou brève.	Un i.
o	◆	— losange ou semi-brève. (Note de passage.)	Un o.
i	|	Barre courte pour respiration.	Un i.
é	|	— longue pour repos.	Deux i.

Il résulte du tableau ci-dessus qu'en prenant pour type la note carrée, la note losange en vaut la moitié, la note à queue le double et la note longue le triple. Mais on comprend que dans un chant qui n'est pas mesuré, ceci ne peut pas être observé rigoureusement. C'est au bon goût des exécutants à modifier ce qu'il y a de trop absolu dans cet énoncé.

Il ne se présente guère dans le plain-chant d'autres signes d'altération que le bémol, qui affecte quelquefois B. Ce signe est alors employé dans le cours du texte.

KYRIE DE LA MESSE DE DUMONT.

Diapason S.
1.er ton. ‖ Ṙé Fé Si Lé Li Lé *é* Ṙé Ḋi Ṙi Li *i* Ḋé Bi Li Si Lé *i* Lé Si Fi
Ky ri e e

3 fois
Mi Fé Ri *i* Sé Fi Mé Ri Ré ‖ Lé Li Si Lé Fi Si Lé Ri *i* Fé Mi Fi Si Lé
le i son Christe

3 fois
Si *i* Ḋé Bi Li Sé Li Lé ‖ Ṙé Ḋi Li *i* Bél Li Si Lé Fi Si Lé *i* Ré Di Fi Si
e le i son Ky ri e e

2 fois
Fi Mé Ri Ré ‖ Ṙé Ḋi Li *i* Bél Li Si Lé Fi Si Lé *é* Ré Di Fé Ri Mi Fi
le i son Ky ri e e

Sé *i* Mi Fi Si Lé Si Fi Mé Ri Ré ‖
le i son

Ce qui précede suffit à la rigueur pour la lecture du plain-chant noté en langue des sons.

Voici surabondamment quelques explications sur les modes et sur leurs gammes.

Dans la *musique moderne* nous n'avons employé qu'une seule gamme D R M F S L B Ḋ qui nous a servi dans toutes les circonstances au moyen du changement d'intonation de la tonique D.

La tonalité reste toujours ainsi dans les mêmes conditions quel que soit le degré d'acuité du ton dans lequel la musique est écrite.

Il n'en est pas de même dans le plain-chant.

Les uns admettent *huit* modes pour le plain-chant, d'autres en admettent *douze*, d'autres enfin en portent le nombre à *quatorze.*

Ces 14 modes sont établis sur les sept notes D R M F S L B. Chacune de ces notes donne naissance à deux gammes et sert de *finale* à deux modes qui diffèrent entre eux par la position de leurs *finales* ou de leurs *dominantes*.

On appelle *finale* ou *tonique* la note par laquelle finit une pièce de chant, et *dominante* celle qui tend à être répétée plus souvent, et sur laquelle les repos se font le plus naturellement.

Les 7 modes impairs, le 1.er, le 3.e, le 5.e, le 7.e, 9.e le 11.e et le 13, s'appellent modes *authentiques*. Ils ont pour finale la note la plus basse de leur gamme.

Les 7 modes pairs, le 2.e, le 4.e, le 6.e, le 8.e, le 10.e, le 12.e et le 14.e, s'appellent modes *plagaux*. Ils ont leur finale au milieu de leur gamme

En d'autres termes, les modes *authentiques* ont une octave au-dessus de leur *finale*, tandis que les modes *plagaux* ne montent que d'une quinte au-dessus de leur *finale* et descendent d'une quarte au-dessous.

TABLEAU SYNOPTIQUE DES MODES.

Nota. Les *finales* y sont indiquées par des capitales grasses et les *dominantes* par des capitales maigres.

MODES

AUTHENTIQUES.		PLAGAUX.	
1er mode	**R** — m - f — s — L — b - d — r	2e mode	l — b - d — **R** — m F — s — l
3e —	**M** - f — s — l — b - D — r — m	4e —	b - d — r — **M** - f — s — L — b
5e —	**F** — s — l — b-D — r — m - f	6e —	d — r — m **F** — s — L — b - d
7e —	**S** — l — b - d — R — m - f — s	8e —	r — m - f — **S** — l — b - D — r
9e —	**L** — b - d — r — M - f — s — l	10e —	m - f — s — **L** — b - D — r — m
11e —	**B** - d — r — m - f — S — l — b	12e —	f — s — l — **B** d — r M - f
13e —	**D** — r — m - f — S — l — b - d	14e —	s — l — b - **D** — r — M - f — s
La *finale* ou *tonique* est la note la plus basse de la gamme La *dominante* est, dans les 1er, 5e, 9e et 13e modes, la quinte au-dessus de la *finale* 3e et 11e — sixte — —		La *finale* ou tonique est la quarte de la gamme. La *dominante* est, dans les 2e, 6e, 10e et 14e modes, la tierce au-dessus de la *finale* 4e, 8e et 12e — quarte — —	

Ce qui différencie les modes, c'est le changement de place des demi-tons dans les gammes de chacun d'eux.

Remarquez que les quatorze gammes du plain-chant n'en forment en réalité que sept ; car :

Celle du 1er mode est la même que celle du 8.e Ex. R — M-F — S — L — B-D — R

3e	—	—	10.e —	M-F — S — L — B-D — R — M
5e	—	—	12.e —	F — S — L — B-D — R — M-F
7e	—	—	14.e —	S — L — B-D — R — M-F — S
9e	—	—	2.e —	L — B-D — R — M-F — S — L
11e	—	—	4.e —	B-D — R — M-F — S — L — B
13e	—	—	6.e —	D — R — M-F — S — L — B-D

seulement, les *finales* et les *dominantes* n'y sont pas placées de même.

Remarquez encore que toutes ces gammes sont composées des éléments constitutifs de la gamme D R M F S L B Ḋ que nous avons employée dans l'étude de la musique moderne. Les demi-tons s'y trouvent partout entre M et F et entre B et Ḋ.

On peut donc considérer les gammes du plain-chant comme n'en formant qu'une seule, prenant son point de départ sur des notes différentes en raison du mode dans lequel la pièce de chant est écrite.

C'est pourquoi nous numéroterons comme dans la musique moderne,

les notes D R M F S L B Ḋ

par 1 2 3 4 5 6 7 i̇

On a coutume d'indiquer la *dominante* au commencement de chaque morceau.

Passons maintenant à la lecture directe de la notation usuelle du plain-chant.

Le plain-chant s'écrit sur une portée de quatre lignes, auxquelles on ajoute au besoin, comme dans la musique moderne, de petites lignes additionnelles.

Les notes s'y étagent de ligne à interligne, en raison de leur degré d'acuité. (Voyez pl. 4, fig. 1.)

Les notes affectent quatre formes différentes qui en indiquent la valeur, savoir :

La note longue,	qui vaut 3 notes carrées.
— à queue,	— 2 —
— carrée, commune ou brève,	— 1 —
— losange ou semi-brève,	— 1/2 —

— (Voyez pl. 4, fig. 2.)

Les repos sont indiqués par des barres verticales, savoir : pour une simple respiration, une barre qui ne traverse que la 2.e et la 3.e ligne de la portée; pour un repos plus marqué, une barre qui embrasse toute la portée ; enfin, pour la terminaison d'un chant, une barre double. (Voyez pl. 4, fig. 3.)

On n'emploie dans le plain-chant que deux clefs : la clef d'*ut*, qui se place sur les 2.e, 3.e et 4.e lignes, et la clef de *fa*, qui se place sur les 2.e et 3.e lignes. (Voyez pl. 4, fig. 4.)

La clef d'*ut* désigne la place de *D* ou 1, et la clef de *fa* celle de *F* ou 4.

Partant de ce point, vous trouverez les autres notes en allant de ligne à interligne, soit en montant, soit en descendant.

Le bémol qui affecte accidentellement le *B* ou 7 se place habituellement au commencement de chacune des mesures où il se rencontre et non immédiatement avant la note.

Dans le plain-chant, *D* s'applique toujours à *ut*, quels que soient la tonique et le mode.

Voyez pl. 4, fig. 5 ; le modèle type des diverses positions que chaque note peut prendre sur la portée, en raison de l'emploi des clefs.

Résumé. Expliquez comment se rhythme le plain-chant — la nature et la valeur des notes et des silences — le signe d'altération — la notation usuelle — les clefs — la pose du bémol — la tonique.

GUIDE DE LA MÉTHODE.

Je n'ai pas la prétention de tracer à MM. les professeurs la marche qu'ils doivent suivre pour enseigner la musique d'après la méthode que je mets en pratique ; mais je crois leur être agréable en leur faisant connaître comment j'ai coutume d'opérer.

On doit apporter le plus grand soin à ne présenter aux élèves qu'une difficulté à la fois.

On ne peut solfier sans préalablement être bien certain du nom des notes. C'est donc par leur *appellation* pure et simple, sans intonation ni rhythme, qu'il convient de commencer, non-seulement l'étude de la musique, mais encore celle de tout morceau à exécuter ; et cela, jusqu'à ce que l'on soit assez habile pour abandonner sans inconvénient ce genre d'exercice.

A l'*appellation* succèdera le *rhythme des valeurs*. L'élève ne prononcera que les voyelles, et battra soigneusement la mesure.

Pour faciliter aux élèves l'intelligence du rhythme, lorsqu'il présente des complications, on fait décomposer les temps en plusieurs battements et de façon que chacun d'eux ne se divise pas en plus de quatre notes.

Mais ces divisions du temps ne doivent avoir lieu que si l'élève a de la peine à comprendre le rhythme. Il faut en revenir à un seul battement par temps dès qu'on peut le faire sans difficulté, car la multiplicité des mouvements de la main empêche une exécution rapide. Il y a plus, il faut s'efforcer d'en venir à ne plus battre la mesure.

Vient ensuite le *rhythme des notes* en les désignant par leur numéro d'ordre. L'élève s'accoutume ainsi à observer les valeurs, sur la simple vue des voyelles, sans les nommer.

On réunit alors les *intonations* au *rhythme*, c'est-à-dire que l'on *solfie*.

Enfin on *vocalise*. L'élève fait mentalement toutes les opérations qui précèdent. La vue des notes lui suffit sans qu'il doive recourir à leurs noms. C'est un acheminement vers le chant.

En vocalisant il importe de bien observer les notes liées et tous les signes d'expression.

Si la musique est accompagnée de paroles, on commence par les rhythmer, et si plusieurs notes appartiennent à une seule syllabe, on les fait sentir par un petit appui de la voix sur chacune d'elles.

L'élève apprend ainsi à bien placer les mots. On rectifie ce qu'il y a de vicieux dans sa prononciation. Il s'accoutume à embrasser deux choses d'un seul coup d'œil, savoir : les paroles qu'il doit dire, et les notes dont il apprécie mentalement l'intonation et le rhythme.

En dernier ressort on réunit en chantant, l'*intonation*, le *rhythme* et les paroles.

On doit veiller à ce que les élèves ne fassent pas de grands mouvements en battant la mesure et ne forcent pas la voix.

En résumé :

La 1.re opération consiste dans l'*appellation* des notes ;
La 2.e — le *rhythme* des valeurs ;
La 3.e — — des notes ;
La 4.e — la *solmisation*,
La 5.e — la *vocalisation* ;
La 6.e — le *rhythme des paroles* ;
La 7.e — le *chant*.

A mesure que l'élève devient plus instruit, on se dispense successivement de l'*appellation* et du *rhythme*, pour aborder directement la *solmisation*.

Tout ce qui précède est également applicable et à la *langue des sons* et à la *notation usuelle*. De sorte que si l'on a la musique écrite dans les deux systèmes, les élèves des deux catégories peuvent opérer ensemble et prendre part à la même leçon.

En ce qui concerne la *notation ordinaire*, il faut préalablement chercher la *tonique* par l'examen de la clef et de son armure ; puis se pénétrer des notes qui se posent sur les lignes et de celles qui occupent les interlignes. Cela fait, on rentre dans la marche indiquée ci-dessus.

DICTÉE.

Il est important d'accoutumer les élèves à écrire à la dictée, c'est un moyen de leur procurer, sans frais, la musique qu'ils doivent apprendre.

La langue des sons est encore ici appelée à rendre service.

Le professeur fait entendre successivement le son de chaque note en la nommant telle qu'elle est désignée au tableau de la langue des sons, il en indique ainsi l'intonation, la valeur et les altérations. Il dicte ses silences en nommant la voyelle qui les représente.

Quand une mesure est terminée il dit : *barre*, pour indiquer la barre de mesure.

L'élève encore inexpérimenté écrit les mots tels qu'ils sont dictés, et juge par le degré d'acuité des sons s'il faut ou non mettre des points au dessus ou au-dessous des notes.

L'élève plus avancé dans ses études les traduit en notation ordinaire. Mais pour ce dernier il est nécessaire que le professeur lui fasse connaître préalablement la clef et son armure, afin qu'il sache où la tonique doit être placée.

On peut ainsi dicter plusieurs parties à la fois dans un même local.

A cet effet on divise les élèves en autant de sections qu'il y a de parties différentes à dicter, et selon la nature des voix.

Chaque section s'isole des autres autant qu'il est possible.

Un moniteur fait l'office de professeur pour dicter dans chaque section.

La dictée se fait à voix assez faible pour ne pas gêner les autres sections, et assez forte cependant pour être entendue de ceux qui doivent l'écrire.

La dictée peut être faite sans intonations ; mais alors il faut que le professeur avertisse toutes les fois qu'un point doit être placé au-dessus ou au-dessous des notes. Ce mode permet de dicter même aux personnes qui n'ont aucune notion de musique.

On ne doit pas se borner à l'opération toute mécanique dont je viens de parler, il importe que les élèves deviennent capables également d'écrire la musique sur la simple audition d'un chant, d'une vocalise ou d'une exécution instrumentale.

Cela demande quelques exercices préparatoires pour lever une à la fois les difficultés de cette opération.

1.° Le professeur, après avoir établi le ton par un accord parfait, fait entendre un son (avec la voix ou avec un instrument). L'élève le répète immédiatement en numérotant la note. Cet exercice se continue note par note, une seule à la fois.

Dès que l'élève acquiert de la facilité, la même chose s'exécute pour deux notes successives, puis pour trois, pour quatre, etc. Cela se réduit à une leçon d'intonation par imitation.

2.° Le professeur vocalise un temps ou une mesure à la fois, l'élève répète, il nomme les notes en langue des sons, et indique les silences par les voyelles correspondantes.

Cet exercice se fait sans interrompre la mesure que le professeur et les élèves battent constamment. Il en résulte que chaque mesure ou chaque petite phrase est dite deux fois de suite, savoir : par le professeur qui vocalise et par les élèves qui solfient.

C'est ici une leçon de rhythme ajoutée à l'exercice précédent.

Arrivé à ce point, l'élève possède tous les éléments nécessaires pour écrire la musique à la simple audition, soit en notation ordinaire, s'il est suffisamment instruit, soit en langue des sons.

Le professeur peut alors procéder à la dictée, en vocalisant, comme nous venons de le dire; et l'élève solfie à haute voix en langue des sons, au fur et à mesure, ce qu'il vient d'écrire.

Cela prévient toute erreur et empêche de perdre le sentiment de la tonalité.

Lille-Imp. L. Danel

PLANCHE I.

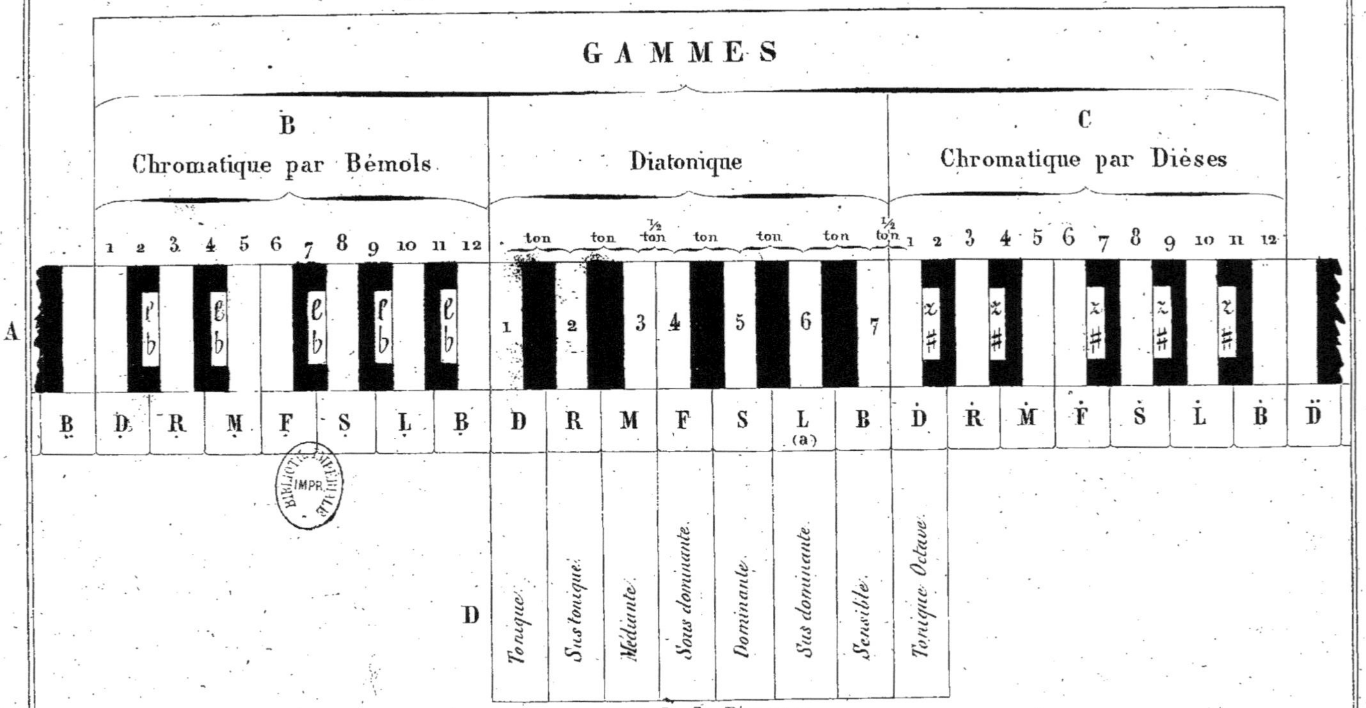

GAMMES

B
Chromatique par Bémols

Diatonique

C
Chromatique par Dièses

1 2 3 4 5 6 7 8 9 10 11 12 · ton ton ½ ton ton ton ton ½ ton 1 2 3 4 5 6 7 8 9 10 11 12

A

ℓ b ℓ b ℓ b ℓ b ℓ b · 1 2 3 4 5 6 7 · z # z # z # z # z #

B D R M F S L B D R M F S L (a) B D R M F S L B D

D

Tonique. Sus tonique. Médiante. Sous dominante. Dominante. Sus dominante. Sensible. Tonique Octave.

(a) La du Diapason.

PLANCHE 2.

Fig. 1.
Ligne
5ème
4e
3e
2e
1ère
Fig. 2.
Fig. 3
Clef de Fa.
Clef d'Ut.
Clef de Sol.
3e ligne.
4e ligne.
1ère ligne.
2ème ligne.
3ème ligne.
4ème ligne.
2ème ligne.
fa
fa
ut
ut
ut
ut
sol
Fig. 4
Dièse, 𝄪 Double dièse, ♭ Bémol, 𝄫 Double bémol, ♮ Bécarre
Fig. 5
Fig. 6
1 2 4
Pauses.

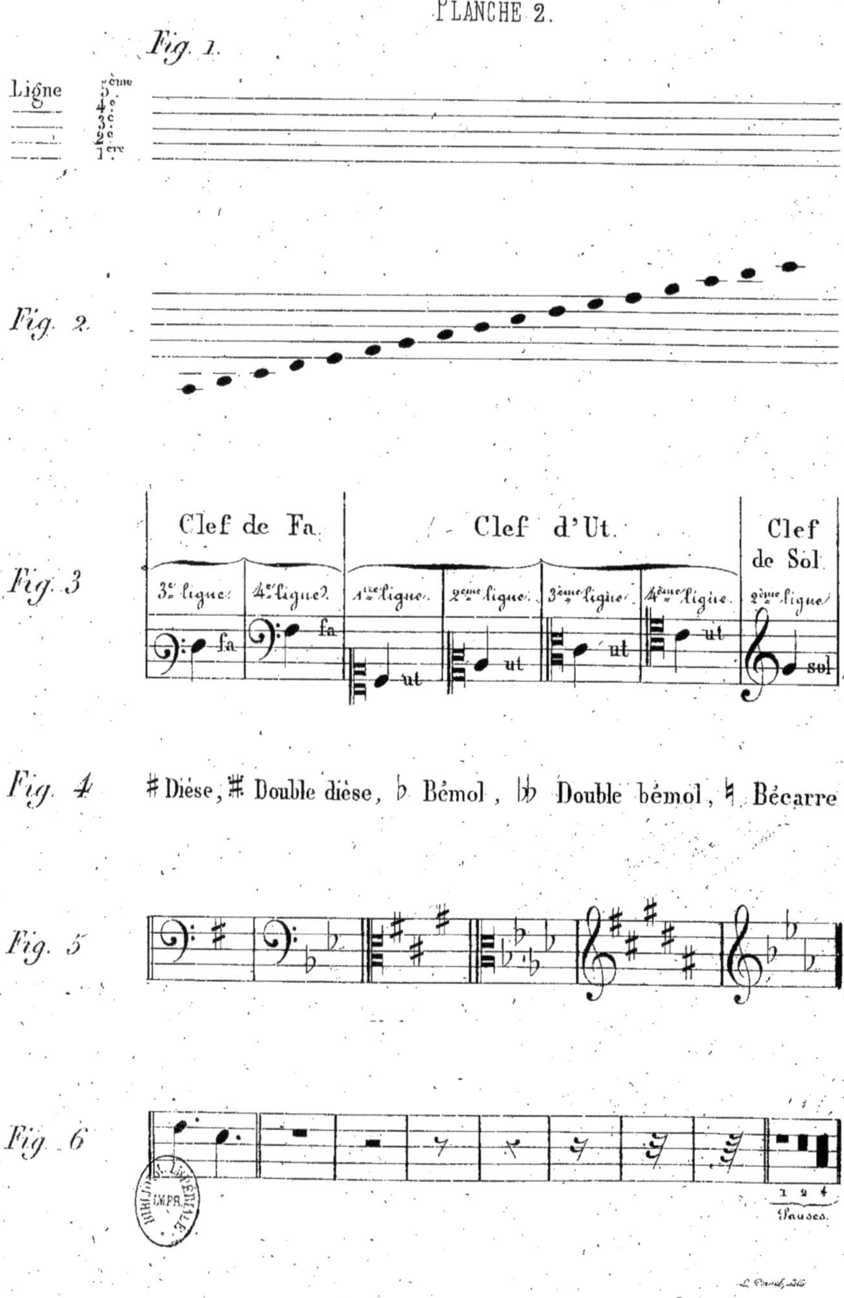

Planche 3.

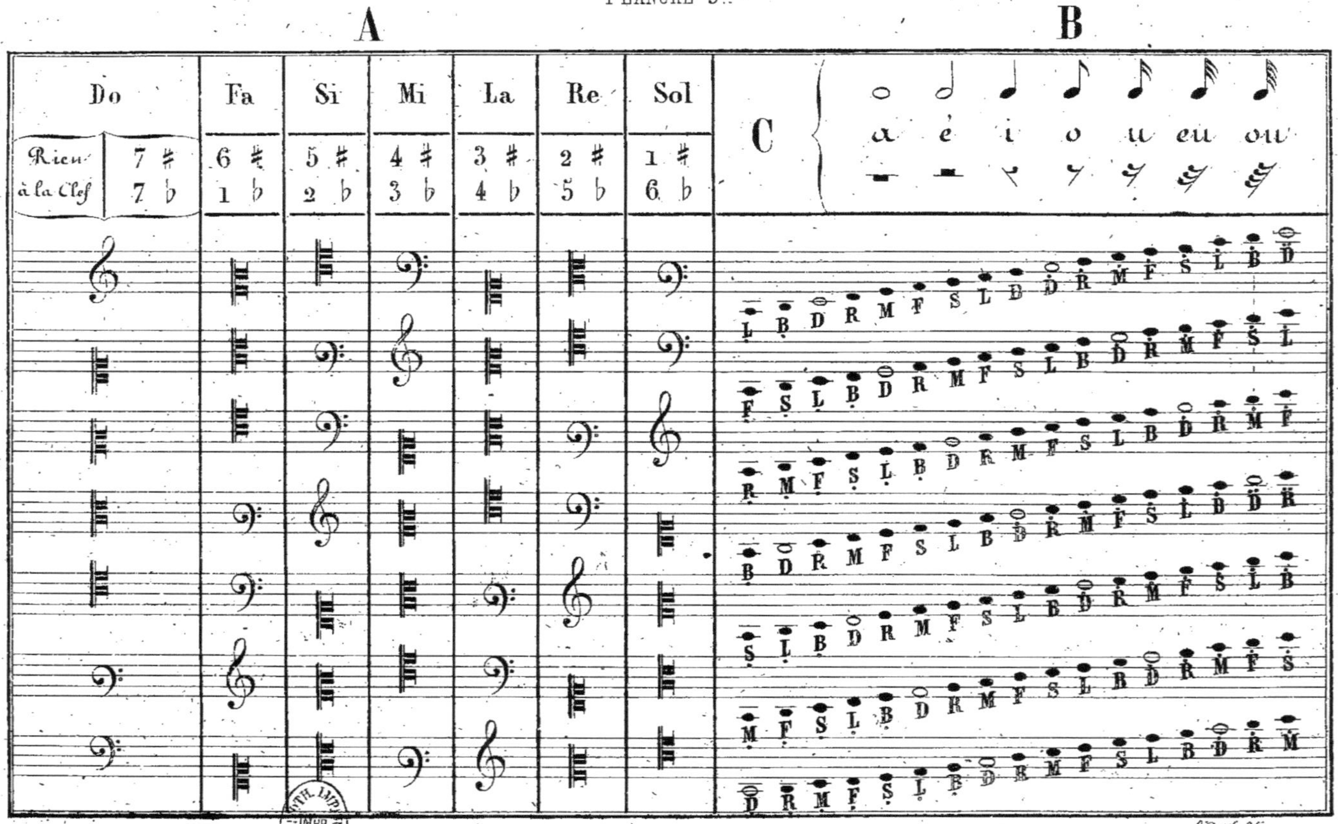

A

Do		Fa	Si	Mi	La	Re	Sol
Rien à la Clef	7 ♯ 7 ♭	6 ♯ 1 ♭	5 ♯ 2 ♭	4 ♯ 3 ♭	3 ♯ 4 ♭	2 ♯ 5 ♭	1 ♯ 6 ♭

B

C

a	é	i	o	u	eu	ou

L B D R M F S L B D R M F S L B D

F S L B D R M F S L B D R M F S L

R M F S L B D R M F S L B D R M F

B D R M F S L B D R M F S L B D R

S L B D R M F S L B D R M F S L B

M F S L B D R M F S L B D R M F S

D R M F S L B D R M F S L B D R M

PLANCHE 4.

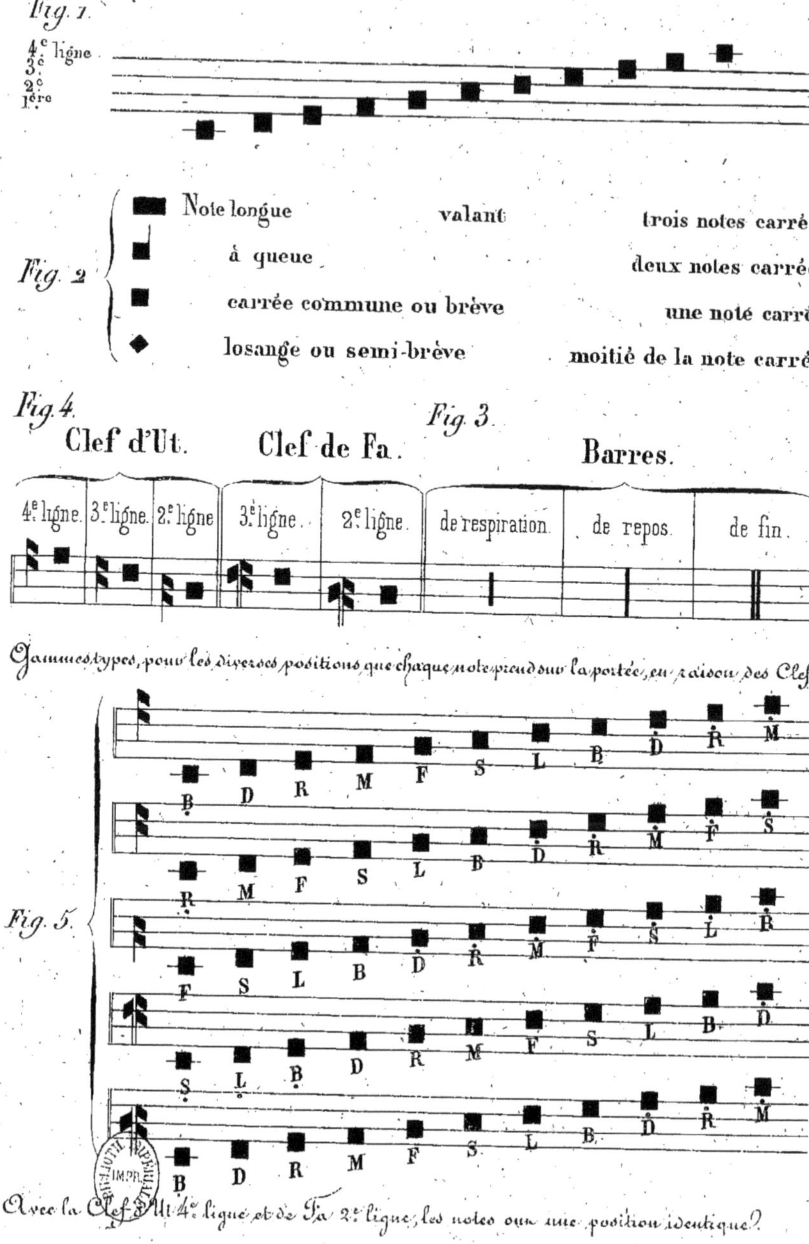

L. Danel, Lith.

www.ingramcontent.com/pod-product-compliance
Ingram Content Group UK Ltd.
Pitfield, Milton Keynes, MK11 3LW, UK
UKHW020402220726
13923UKWH00004B/1695